海口市第一中学教育集团教育教学系列成果

向欣而行

——海口市第一中学教育集团优秀论文精选

主　编　牛指成

副主编　黄文莉　麦　苗　卓彩花

湖南大学出版社

·长沙·

图书在版编目（CIP）数据

向欣而行：海口市第一中学教育集团优秀论文精选/
牛指成主编. —长沙：湖南大学出版社，2025.4.
ISBN 978-7-5667-4042-7

Ⅰ. G63-53

中国国家版本馆 CIP 数据核字第 2025ZZ0187 号

向欣而行
——海口市第一中学教育集团优秀论文精选
XIANGXIN ERXING
—HAIKOU SHI DI-YI ZHONGXUE JIAOYU JITUAN YOUXIU LUNWEN JINGXUAN

主　　编：牛指成
责任编辑：张　毅
印　　装：湖南省美如画彩色印刷有限公司
开　　本：787 mm×1092 mm　1/16
印　　张：12.25
字　　数：298 千字
版　　次：2025 年 4 月第 1 版
印　　次：2025 年 4 月第 1 次印刷
书　　号：ISBN 978-7-5667-4042-7
定　　价：50.00 元

出 版 人：李文邦
出版发行：湖南大学出版社
社　　址：湖南·长沙·岳麓山
邮　　编：410082
电　　话：0731-88822559（营销部），88821251（编辑室），88821006（出版部）
传　　真：0731-88822264（总编室）
网　　址：http://press.hnu.edu.cn
电子邮箱：743220952@qq.com

序

　　海口市第一中学教育集团自成立以来，注重总结提炼集团化办学推进过程中的好经验、好做法。建构集团化办学模型，提炼教学成果，打造办学特色品牌，在教育改革创新发展和持续发展上且行且思，不断突破，形成了一系列教育教学新成果。教师们以教育集团为广袤的舞台，挥毫泼墨，书写智慧华章。如今，拟将这些凝聚心血的教师论文汇集成册，为展示集团办学发展成果沉淀智慧，为学校教学改革与创新指引方向。

　　论教于行，文载新道。本书编排体例新颖，展示近五年海口市第一中学教育集团教研新成果、学科教学新案例、科研课题新成就，分为集团化办学的生动实践、核心素养落实的深度探索、教育教学方法的积极创新、信息技术赋能的学科融合、基于教学评价改革的作业设计研究五个部分，汇聚了一线教师在集团发展、高效课堂、教材教法、核心素养、作业探究等方面的思索和心得，他们以自己的实践为依据，对教育理论进行深入的剖析和拓展。这些论文，是教师们对教育教学实践深度反思的呈现，每一篇都承载着教师们在课堂中的点滴感悟。从教学设计到课堂管理，从学生心理到模式创新，他们在日常的教育工作中敏锐地捕捉问题，用心地探寻解决方案。他们不仅仅是知识的传授者，更是教育现象的观察者和研究者。在论文中，我们可以看到他们如何针对不同学习风格的学生设计个性化的教学方法，如何利用现代教育技术激发学生的学习兴趣。这些思考和实践让教育不再是千篇一律的灌输，而是因材施教的艺术。

　　教师的成长是学校宝贵的财富，手捧着教师们丰硕的教研成果，我难掩心潮澎湃。无论是对传统教育理论在新时代的重新解读，还是对新出现的教育现象提出的全新理论架构，都展现出了教师们深厚的学术素养和创新精神，反映了海口一中人孜孜不倦、求索创新的工匠精神和教育人生。

　　站在海口市第一中学教育集团新的历史起点上，怀揣着对教育的敬畏与热爱，沐浴着教师们这些闪耀的思想之光，向欣而行，踏上追寻教育至善至美的新征程！此刻，我分明看到了未来学校发展的基石和砥柱，信心就是力量，使命就是召唤……

海口市教育研究培训院院长　潘华莉

2024 年 11 月

目　录

第四章　信息技术赋能的学科融合

第五章　基于教学评价改革的作业设计研究

第一章 集团化办学的生动实践

1. 教育合作谱新篇　集团办学结硕果

——海口市第一中学集团化办学促进高质量发展

海口市第一中学

为深化基础教育改革，促进基础教育优质均衡发展，加快缩小城乡、区域、学校间教育水平差距，切实提高义务教育质量，办好每一所"家门口的学校"。按照海口市教育局"示范引领、优势互补、协同发展"的工作思路，提升 1＋N 优质发展（1 为海南省海口市第一中学集团总校，N 为两所教育集团成员校秀英区石山镇石山中学和秀英区永兴镇永兴中学）。通过采取"三进三送"（进干部、进教师、进学生，送课例、送教研、送培训）的合作模式，以"四坚持"（坚持协同发展、坚持多元发展、坚持内涵发展、坚持开放发展）为方向，实践"三共"（管理共融、课堂共建、资源共享）理念，实现"六效果"（学生家门口上好学、激励教师成长、激发办学活力、促进教育优质均衡发展、全面提升义务教育质量、着力打造优质集团化办学品牌）。

海口市第一中学是"中国名校""海南省首批普通高级中学一级（甲等）学校"，教育部首批普通高中新课程新教材实施国家级示范校。2022 年，为深入学习贯彻党的二十大精神，落实"查堵点、破难题、促发展"活动精神，遵循《海口市人民政府办公室关于推进中小学集团化办学的实施意见》，海口市第一中学主动担当，带头参与集团化办学，辐射带动基础教育发展，努力办好石山中学和永兴中学两所乡镇中学，让石山和永兴地区的孩子在家门口"上好学"。

一、管理互通："三进三送"提升 1＋N 发展

海口市第一中学教育集团施行 1＋N 发展制度，1 为海南省海口市第一中学教育集团总校，N 为两所教育集团成员校秀英区石山镇石山中学和秀英区永兴镇永兴中学，未来会辐射帮扶更多学校。坚持以"资源共享、协同发展"为方针，以质量提升、特色为主、和谐共生、优势互补、携手并进为原则，着力打造优质集团化办学，为基础教育

发展贡献力量。2022 年 10 月 21 日，在海口市第一中学教育集团揭牌仪式上，赵金玲校长提出要提升集团化办学水平，一是需要找准定位、协同发展，实践"三共"理念，分阶段推进"管理共融、课堂共建、资源共享"；二是聚焦学校亮点，鼓励石山中学、永兴中学办出特色，实现内涵式发展；三是加强课题研究，与成员校开展信息技术课题研究，同时注意培养优秀的教师团队，激励教师成长，激发办学活力。

两年来，海口市第一中学集团总校结合自身优势，积极探索、勇于实践，采取"三进三送"（进干部、进教师、进学生，送课例、送教研、送培训）的合作模式，集团总校派出执行校长到成员校进行帮扶管理工作，成员校分批派出干部、学科教师到总校跟岗学习，提升成员校教师学科素养和教育教学水平。集团总校沉浸式开展与成员校校际帮扶，实现教育资源共享，总校与成员校和谐发展，推动学校教育教学均衡发展。集团总校指导成员校完善学校发展规划和校内各项管理制度，提高学校管理科学化和规范化水平，在办学理念、管理制度、课程资源、教学安排、集体备课、联合教研、教师培训、招生管理、考试管理、综合素质评价、研学实践、艺体活动、教育信息化等方面实现共建共享，增强学校办学活力和内生动力。

二、课程育人：构建五育并举的课程体系

集团总校带领成员校对国家课程、拓展类课程、综合类课程进行开发和建设，涵盖了 7 个领域、28 类课程群，形成了具有一中特色的五育并举的课程体系。同时，成立学生发展指导中心，指导学生选择适合的课程，构建规范有序、科学高效的选课走班运行机制，满足每一个孩子的需求，助力孩子的个性发展和全面发展。集团化办学工作目标之一是力求教师的"教"与学生的"学"的方式转变。

"活动卡"教学模式：在集团总校指导下，成员校通过"活动卡"教学模式引导学生步入自主学习的轨道，强化了教师组织学生在课堂开展活动进行学习的意识，明确了课堂活动的目的和内容，提高了学生自主参与活动的有效性。

开设书法特色课程：2022 年 9 月成员校开设书法特色课程，书法是中国传统文化中的精髓，学习书法不仅能磨炼意志，提高审美能力，更重要的是，可以提升人的文化修养。经过一年多的学习，学生学习兴趣浓厚，成果显著。

大课间经典诵读：为了落实教育部中华经典诵读工程，传承中华优秀传统文化，集团总校指导成员校精心打造"大课间经典诵读活动"。编印校本课程《永兴中学经典诵读》古诗词读本，定制传统风格的学生校服，突出简约古朴的特色。每周三、五的大课间进行诵读活动。通过诵读活动让学生喜欢诵读，积累大量的优秀传统诗文，以提高学生的综合素养。活动过程全部由学生完成。

排球特色教学：组建了男子排球队和女子排球队。把校园排球活动作为我校体育运动的重要抓手，强化办学特色，形成校园排球文化，推动我校排球运动的蓬勃发展，增强了学生的体质，培养了学生拼搏进取、团结协作的精神。2022年永兴中学荣获海口市中学生排球赛男子组冠军、女子组亚军；2023年荣获海口市中学生排球赛男子组冠军、女子组季军，九（10）班的周启泽同学在全国中学生男子沙滩排球比赛中获得亚军。

三、课堂变革：形成多样的学习样态

海口市第一中学集团总校坚持守正创新的原则，稳中求进，以教育科研为抓手，以优秀校园文化为辐射，着力变革教学方式，积极建立"以学生为中心"的课堂。同时，学校整合科技社团、选修课、研究性学习等课程形式，突出自主学习；以科技创新大赛为平台，以项目研究为载体，进行真实问题探究，学生的创新精神培养获得了社会好评。

课堂是教学的基础，是学生发展的基石。然而，在石山中学这所乡镇学校里，课堂质量曾令人忧心。成员校石山中学校长陈柱介绍，因生源不足，学校在过去十多年没有新教师加入，大家习惯于在固有模式下上课，导致学生吸收效率不高。为帮助成员校提高教学质量，自主题教育开展以来，海口市一中制定了一套完整的石山中学常规课堂管理办法，为教师在课堂上"讲、学、练、考、评"等要求建章立制，学校教学部门跟进、科组监督检查，逐步改变课堂育人生态。

"我每周有两三天在海口市一中'取经'。"石山中学副校长罗书宝介绍，集团化办学期间，总校多次前来送课程、送教研、送培训，并和成员校互派教师开展教研活动。石山中学教师还前往海口市一中参与"致远杯"教学比赛，在潜移默化中改变育人方式。经过一段时间的学习交流，该校课堂面貌悄然改变：互动环节多了，学生畅所欲言；课外知识增加了，航天热点、前沿科技信息、传统文化知识等渗透于各学科，好听又好记。石山中学的点滴进步，通过时间的累积，不仅汇聚成学生们课业成绩的提高和精神面貌的焕发，还收获了家长和社会的认可。如今，越来越多的村民选择让孩子留在石山就近上学，该校生源回流明显。目前，该校比去年同期增加了1个班、56名学生。"现在不仅学校的师资更强了，文体、艺术活动也多了，校园学习氛围越来越浓了。"该校学生家长钟传良说道。

四、师资引领：提升专业化育人水平

教育集团注重教师队伍建设，实施教师培养"六六六"工程。六层级梯队培养体系：教师、新秀、能手、骨干、学带、正高；六种培养方式：课程资源开发、课堂实践创新、课题研究攻关、专业理论提升、德育思政育人、信息技术赋能。六种关键能力：课程建设能力、课程实施能力、课题研究能力、资源开发能力、质量提升能力、学生发展指导能力。

为进一步提升海口市第一中学集团成员学校办学水平和教学质量，提高教师专业化水平及管理能力，2022年11月21日，海口市第一中学牛指成副校长带领海南师范大学教师教育学院教师、海口市第一中学集团总校各学科省级学科带头人、省级骨干教师和科组长共计16人，赴集团成员校石山中学、永兴中学开展"推进'教—学—评'一体化，促进教学提质增效"专题帮扶活动。在集团化办学学习交流中，海口市第一中学集团总校教师83人次走进石山中学开展活动。石山中学成员校共有43位教师105次到集团总校参加"凤凰杯"和"致远杯"教学评比活动、听课、集体备课、读书分享等。永兴中学林方积副校长被派到海口市一中跟岗学习，参与集团总校管理，深入课堂听课及参加科组教研活动，提升成员校管理人员的组织领导能力和学校管理经验，同时培养一批优秀的教师骨干队伍，会教研会教学，提高教学水平。成员校开展"青蓝工程"师徒结对帮扶活动，充分发挥学科带头人、骨干教师的引领作用及老教师的传、帮、带作用，帮助青年教师不断提高教育教学水平和科研能力。

五、协同育人：建立多元的育人机制

海口市第一中学集团因地制宜整合资源，创新育人机制，建构校际协同、家校协同、社会协同的"三协同"育人机制。海口市第一中学集团总校与石山中学、永兴中学在"集团化"工作中，注重以城带乡、以强带弱，充分发挥核心学校的辐射带动作用，加快缩小城乡和校际基础教育的差距。与近10家科研院所和职业院校合作，建立学生职业生涯体验基地，为学生提供体验不同职业的机会。发挥家长、校友等社会资源优势，聘请校外专家10名，聘请家长讲师10名，聘请校友讲师10名，"共建平台、共创课程、共享资源"，在育人方式、育人环境等方面发挥更大的价值，起到了良好的育人效果。

充分利用集团总校的教学资源优势，组织学生参加海口市第一中学集团总校的文化艺术节活动。举办各类球赛和学习交流活动，参观校史馆和艺术馆等。让学生融为一体，互相学习共同提高，学生联动，开拓视野。

六、成果辐射：发挥积极的示范作用

在海口市第一中学与成员校的共同努力下，推动优质教育资源共建共享，带动成员校提高教育教学质量，促进教育集团整体提升办学品质，集团化办学取得初步成效，以教育教学的一流业绩，满足人民群众的教育获得感和幸福感。目前，集团成员校面貌焕然一新，学生回流，家长方便，老百姓满意，在家门口上好学校的梦想成为现实。

2023 年 4 月 28 日，海南省省长刘小明在海口主持召开教育工作座谈会，海口市第一中学教育集团总校校长赵金玲做经验介绍发言："永兴镇的老百姓们听说永兴中学要加入海口市第一中学教育集团，都把本打算到外地上学的孩子留在本地，去年永兴中学秋季招生达 714 人，是十年来的最高值。永兴中学加入海口市第一中学教育集团不到一年，转学回来的学生达 216 人，现在学校的总人数是 2012 人，也是近十年来的最高值。目前，集团成员校面貌焕然一新，学生回流，家长方便，老百姓满意，在家门口上好学校的梦想成为现实。"2023 年 11 月 15 日，在海口市第一中学教育集团石山中学校园内，校长陈柱接受《海口日报》记者采访时由衷地感慨道："课堂'活'了，成绩'亮'了，学生'回'了，这就是集团化办学给我们学校带来的最真切的改变。"

海口市第一中学教育集团总校在 2023 年中考中，最高分 870 分，总分进入全省排名前 100 名的学生 2 人。800 分以上 232 人，占比 25.5%，比去年提升 8.6%。2023 年，在海口市第一中学集团总校的引领下，成员校各方面都有明显的变化。永兴中学 2023 年中考 800 分以上达 17 人，最高达 853 分。相比之下 2022 年，800 分以上人数增加 15 人，优秀率提高 4.2%，700 分以上人数增加了 43 人。平均分提高了 24.8 分。石山中学 2023 年中考取得了突破性的成绩，700 分以上人数增加 16 人，600 分以上人数增加 25 人，平均分提高 31 分，低分率从五年前的 42% 降至 16%，十年来首次降至 20% 大关以下。及格率从 15% 升至 30.7%，十年来首次突破 30% 大关。

海口市第一中学集团化办学的实践表明，通过创新管理模式和办学机制，可以有效提升教育质量和促进教育公平。未来，我们将持续采取"三进三送"的合作模式，发挥好海口一中强校的资源优势，完善集团化办学的体制机制，对石山镇石山中学、永兴镇永兴中学进行深度帮扶，努力实现集团内学校的管理互通、资源共享、教研联动、质量共进，努力促进海口市第一中学教育集团各学校优势互补、整体提升、一体发展，着力打造优质集团化办学品牌。

2. 火山岩上绽放的德育之花

《德育报》周书贤 田晋文

海口市永兴中学，位于海口市秀英区永兴镇，是一所普通的乡镇学校。曾经，学校面临一些严峻的问题，学生早恋、翻墙逃学、抽烟、打架、玩手机游戏等问题成风，一度形成老师不敢管理的局面。校风不正，给学生成长与学校发展带来了极大的困扰。王绥联校长 2021 年 8 月受命来到永兴中学，看到脏乱差的学生宿舍、布满垃圾的教学楼走廊、桌椅横七竖八的教室、精神涣散的老师队伍……他心情非常沉重。作为土生土长的永兴人，王校长决心迎难而上，为家乡教育开辟一片新天地。他对领导班子的成员们说："不怕的！这一切我们都能够改变。你们看永兴漫山遍野又黑又硬的火山岩上，不是也生长出郁郁葱葱的荔枝树，结出了闻名于世的荔枝王吗？只要我们科学管理，精细管理，耐心教育，学校就算是一片火山岩，也能开出教育之花来。"如今，永兴中学校风学风发生了翻天覆地的变化，学生身穿整齐的校服，心里充满阳光，老师们脸上有了笑意，心里充满力量，校园环境大为改观，连续两年中考取得优异成绩。王校长两度被指定在海口市教育系统交流平台上做经验分享。

一、目标导向，形成校本特色德育体系

王校长带领领导班子成员经过调研，从实际出发，决定通过制定明确的德育目标，运用特色的德育内容，巧妙搭建学生喜闻乐见的德育平台，构建永兴中学的德育体系。

学校的德育目标是：一是通过思想政治教育与班级建设，使学生拥有集体归属感和集体荣誉感，树立热爱集体、维护集体的意识，形成爱学校、爱家乡、爱祖国的思想情感。二是通过道德品质教育与行为习惯养成，引导学生加强纪律观念、劳动观念、卫生观念，养成规律作息、有效学习的习惯。三是通过心理教育，贫困生对自己形成积极正向的心理期许，从行为习惯到学习成绩各方面都得到力所能及的提高。四是通过传统文化教育和美育教育，培养学生文化自信和健康向上的审美情趣。

为落实德育目标，永兴中学开发丰富多样的德育内容，形成特色鲜明的德育形式。

一是爱国主义教育。学校通过升旗仪式与传统文化熏陶，来唤醒学生的爱国感情。每周一早上，学校举行庄严的升旗仪式，然后是国旗下的讲话。讲话的内容由学生撰写与发言，由团委把关，常常把国家、家乡近期发生的大事与学生的日常学习联系起来，让学生在祖国、家乡的大家庭里找到自己的坐标，把自己与国家、家乡联系起来。学校的传统文化教育主要是通过经典诵读与书法教育进行。学校在每周一、三、五开展中华经典诵读活动，学生身穿统一的国学服装，吟诵着语文组老师们精心选编的或励志、或养德、或修身的传统美篇，接受传统文化的熏陶。学校邀请书法名家为学生授书法课，开辟场地举办学生书法作品展。内容与形式兼美的作品，对参与的学生是激励，对观赏的学生是美好的影响。

二是集体主义教育。学生要自觉上学，前提是他在班级中有归属感；要好好上学，则要有班级荣誉感。学生情愿流浪在校外、到学校无所事事与不求上进，往往是因为成绩差被边缘化，缺乏归属感与荣誉感。转化这些学生，集体教育是关键。集体教育主要在体育活动、社会实践、劳动教育、志愿服务中进行。学校组织文化知识学习落后，但体育能力强的学生成立排球队、篮球队，由专业老师指导，男子排球队连续三年荣获海口市中小学生排球赛冠军，女子排球队荣获海口市中小学排球赛亚军和季军；学校分区域由学生管理清洁卫生，做得好的学生在班级、在学校会得到大力的表扬；学校带动"边缘化"的学生参加志愿者活动，让他们体会服务他人的幸福感。这些举措，极大地激发了学生的尊师爱校热情。

三是审美教育。学会审美是新课程对基础教育的要求，热爱美与向往美，是人积极成长的动力。学校的审美教育通过学生校服、学校环境改造与班级环境设计，还有一年一度校园歌手比赛、中华经典朗诵汇、元旦文艺晚会来进行，引导学生从自身、从环境、从活动中提升审美能力与审美情趣。

四是心理健康教育。学校重视学生心理健康，设立心理健康辅导室，培养学生良好的心理素质，提高心理调适能力，促进身心健康发展。

除此之外，学校每周三的大课间集会，通过学校领导点评各班级、各宿舍的四个"关好"、两个"打扫"、两个"摆好"、一个"捡起"的"轻松阁"管理情况，及时评价学生的日常行为习惯，打牢行为习惯规范的基础。

二、开发德育资源，组建富有成效的德育队伍

王校长认识到，学校德育工作千头万绪，具体工作要抓落实，需要分解任务，各负其责，不能眉毛胡子一把抓。于是，他建立起校长全面负责，德育管理部门、年级、班级、科任老师多级德育工作体系，着力打造过硬的德育管理部门领导、选好得力的年级

长与班主任。

王校长让年轻的陈扬科主任全面负责学校德育工作。事实证明，陈主任是一位充满智慧与热情的教育工作者，他在永兴中学的德育工作中发挥着重要作用。他负责学校德育工作以来，除了抓好常规德育工作之外，还进行了一系列德育创新。

一是因地制宜开展班主任培训。陈主任建立班主任经验交流制度，定期召开班主任经验交流会，让班主任分享教育成功案例或教育心得，用身边的资源对班主任进行培训。班主任在感受到团队的智慧与力量的同时，在共同成长中获得持续的工作动力。

二是形成后进生例会制度。陈主任秉承王绥联校长的教育理念，关注问题学生和留守儿童。每周都开展一次专门教育活动，分类分批集中问题学生、留守儿童，和校长、部门领导、年级长和班主任面对面沟通，关心他们的学习、生活状况，解决他们遇到的困难。陈主任向学生分享自己的经历，以此来鼓励学生勇敢面对困难、克服缺点、实现梦想。

三是形成学生行为规范巡查制度。陈主任身先士卒，与德育处的其他领导及班主任合作，每天巡查校园。观察学生日常学习行为习惯，让大课间德育评价有依据。遇到问题及时解决，对学生违规行为及时教育。校园巡查，对部分想违纪的学生起到有效的震慑作用，把很多问题处理在萌芽状态，在和谐校园建设上发挥积极作用。

四是建立科学的激励评价制度。每个学期对进步之星进行表彰奖励，让落后学生找到人生价值。

在陈扬科主任的带领下，全校教职工积极配合，永兴中学的德育工作有序开展、成效显著。

王在裕是一位颇具教育情怀的、能力强的年级长。他在永兴中学工作二十余年，用王绥联校长的话说，他是永兴中学班主任中的王牌。2021年8月，王绥联校长调回永兴中学当校长的时候，看到学校的现状，立即安排王在裕老师担任初三年级的年级长，要求他运用自己的班主任工作经验，尽快带动与指导初三年级班主任工作，尽快改变初三年级的学习风气，争取在来年的中考中出成绩。王在裕不负期望，迎难而上，在最短的时间里打开工作局面，取得可喜的教育成效。

王在裕深入各个班级进行调研，把发现的问题记录下来，罗列归类，和班主任们一起研讨。如课堂纪律差怎么办？先挑出各班里带头违反纪律的同学进行情况摸底，有针对性地开展个别教育。由于学生的坏习惯积重难返，王在裕组成科任老师、班主任、年级长、分管德育的部门领导、校领导五级教育梯队，遇到学生违反纪律先由科任老师进行教育，如果效果不明显再由班主任进行教育，如果还不明显再由年级长进行教育，逐级上升，加大教育力度。在层层升级的教育中，让学生认识到自身问题的严重性，动摇学生什么也不在乎的心理防线。王在裕还根据实际情况进行分工，明确各级教育中如何激励、如何批评、如何劝诫、如何巩固效果，避免了有些老师上课不管纪律，有些班主任有事就往上推，有些学生对自身问题认识不到的现象。经过一段时间的努力，年级课堂纪律大有好转。

抓纪律见成效了，就着力抓学生的学习成绩。王在裕通过考试分析，要求各备课组对学生进行分层教学，从学生的起点出发制定分层教学方案。他了解全年级每一个学生，经常找学生谈话，老师们都觉得，王在裕和学生谈话，具有化腐朽为神奇的效果。很多学生经他谈话后，纪律和学习都发生了变化。

学生小丽，曾经欺凌同学，且厌学逃学。王在裕通过班主任了解小丽的家庭背景及成长经历，发现小丽的父母工作繁忙，很少关心陪伴她，任其自然生长，这让小丽很自卑。因此，她妄图在欺凌同学中找到自信。因为欺凌同学，和班主任关系也变得紧张，于是，她经常逃学。

王在裕决定亲自找小丽谈话。他初次找小丽谈话的时候，没有批评教育她，而是对小丽讲自己有一个和她差不多大的女儿，由于自己工作忙，也很少陪伴她。但自己还是想办法传达对女儿的关心。女儿如此自觉，让自己很欣慰。他希望小丽像自己的女儿一样自觉，有什么事情可以找年级长。就这样，他和小丽建立起信任关系。

后来，他和小丽谈学习才有内涵，有本事才能过上自己向往的生活……经过一段时间的开导，小丽逐渐认识到欺凌同学是对他人的伤害，厌学逃学只会让自己越变越糟，只有好好学习才有美好的出路。她开始反思自己的行为，寻求改变之道。王在裕及时对她在学习方法与学习意志品质等方面进行引导，并让各科任老师在学习上多关心她。小丽开始全身心地投入到学习中，并积极参加各种活动。老师们对她赞不绝口，这让她感受到了前所未有的自信与满足。后来，小丽顺利考取高中。

2022届学生中，像小丽一样在最后一年发生积极转变的学生很多，王在裕功不可没。他送走了这一届学生后，又到七年级担任年级长，还兼任一个班的班主任工作。这个班已经是八年级了，年级风气很正、学习气氛很浓。

在学校、年级精心培养下，永兴中学涌现出一批优秀的班主任，蔡于玮是其中的杰出代表。

蔡于玮是学校教研室主任，兼任一个成绩普通班的班主任。他善于把教学与教育结合起来，在教学中开展有效的德育。

蔡主任班级的学生成绩最落后，他根据实际要求学生成为自律、健康、阳光、感恩的人。为此，他利用英语教学中的资源对学生进行德育。通过"积极向上的生活"话题教学，他引导学生无论成绩如何，都要有阳光的生活态度。在讲解"身心健康，抗挫能力，珍爱生命的意识"的话题时，他引导学生要有意识养成健康的生活习惯与强大的心理。在讲"自我认识，自我管理，自我提升"的话题时，他引导学生学会自律，在纪律的框架内获得美好的自由。他的英语课是智育和德育的完美结合，他所带的班级虽然学生学习基础差，但班风与学风都很好。

学生小强对学习不感兴趣，尤其是英语学习完全放弃了。他认为自己长大后又不出国，学习英语没有用。在蔡主任的课堂上，他经常听到一些有用的道理，发现不同的语言、不同的文化之间原来有相同的价值观，于是对英语逐渐有了兴趣。蔡主任借着小强在英语学习上的开悟，帮助他分析自己的学习潜能，引导他在学习中把这种潜能开发出来。在蔡主任和科任老师们的共同努力下，小强的学习取得明显进步。

王校长来到永兴中学后，大力起用有担当、有作为、有能力的老师，把他们安排在合适的岗位上，合理开发教师资源，使永兴中学形成一支结构合理、作风过硬的德育主力军。

三、面向全体学生，开展大德育实践活动

王校长认为，永兴中学每一位老师都是德育工作者，学校发生的每一件事都是德育的资源，每一位学生都应该是德育的受益者。他把自己的这种德育观称为大德育，人人、时时、事事、处处、课课都有德育，让德育做到润物无声，推动德育工作向纵深发展。

餐间德育。学校利用餐间时间，引导学生学习用餐礼仪，如有序排队、礼让他人、节约粮食、及时回收餐具等，让学生养成良好的用餐习惯，从而提升他们的文明素养和环保意识。

卫生值日德育。学校没有像很多学校那样，把校园卫生纳入社会化管理，而是把校园划分为若干片区，由不同班级负责卫生值日，对学生进行劳动教育。通过检查、评比，培养学生爱劳动与做事负责任的习惯。

礼节礼貌教育。学校要求在上课开始的仪式上，学生向老师行拱手礼、鞠躬礼，形成尊师重教的风气。学校要求老师在校园遇到学生，主动和学生打招呼并点头示意，从校长到老师以身作则，用身教引导学生注重礼节礼貌。

优雅着装教育。学校要求老师保持端庄的仪表，着装得体，言行举止文明。学生在校穿校服，自觉向老师看齐，举手投足都变得文质彬彬。

尤其值得一提的是，永兴中学开展课堂教学模式改革，追求学科育人价值。学校引进名师徐建华老师成立工作室，推广徐老师的教学成果"活动卡"教学模式。这种教学模式从学生的角度提出学习目标，从学生的立志出发组织学习活动，从学生的实际出发进行学习评价，充分挖掘学科教育功能，对学生开展审美教育、生命教育、科学态度和科学精神教育、环境教育、历史人文教育……坚定地在学科教学中履行立德树人的使命。

四、初见成效，德育工作结硕果

在王校长的引领下，在广大老师的共同努力下，永兴中学的德育工作取得累累硕果。学生在转变，校风和学风都在转变，学校的学生学业水平也相应提高。2021 年优秀率 1.8%，合格率 30.1%，低分率 35.8%，平均分 397 分；2022 年优秀率 1.4%，合格率 33.8%，低分率 24.6%，平均分 435 分；2023 年优秀率 5.6%，合格率 35%，低分率 22.2%，平均分 460 分。其中，2023 年中考 800 分以上的同学共 17 人，比 2022 年增加 15 人；最高分 853 分，比 2022 年提高 48 分；750 分以上的同学 58 人，比 2022 年增加 40 人；700 分以上的同学共 96 人，比 2022 年增加了 43 人。5 名同学被海南中学录取，12 名同学被海南侨中录取，14 名同学被海口一中录取，共有 75 名同学考取省、市重点中学，35 人被市、县级高中录取，87 人考取普通高中。

王绥联校长常说："把问题学生转化好，把学困生帮扶好，把留守儿童关注好，办好人民满意的永兴中学教育才成为可能。"永兴中学在王校长坚定的领导下，正把学校办成大量问题学生、学困生、留守儿童成长的乐园，成为海口市乡镇学校的样板，在火山岩之上绽放出德育的璀璨之花。王绥联校长带领广大老师，用学校可喜的变化告诉人们：只要心怀热爱、坚持不懈地努力追求教育的真正价值，就能克服重重困难实现教育的蝶变。

3. 强基背景下学校拔尖创新人才培养路径探究

海口市长彤学校 姚实彦

摘　要: "强基计划"以培养有志于服务国家重大战略需求且综合素质优秀或基础学科拔尖的学生为主,主要目标是为国家输送多领域紧缺的高新人才。为此,本文将分析在强基背景下学校拔尖创新人才培养的紧迫性、目标与定位、内容和落实策略等,旨在为相关学校提供参考。

关键词: 基础教育;"强基计划";拔尖创新人才;培养路径

目前社会正处于飞速发展的进程中,信息化已经成为驱动社会进步和经济发展的关键力量,为健全立德树人落实机制,服务国家"强基计划"人才战略需求,推动人工智能和教育深度融合,探索多维度评价考核模式,推进育人方式变革创新,促进学生全面而有个性地发展。

一、强基背景下学校拔尖创新人才培养的紧迫性

(一)社会背景:信息化的发展现状与趋势

习近平总书记在党的二十大报告中提出"必须坚持科技是第一生产力、人才是第一资源、创新是第一动力"。信息化技术的应用和迭代使得拔尖创新人才既要掌握基本的计算机技术,更加需要形成良好的信息获取、分析、处理以及创新应用能力。面对此种情况,学校需要积极地增强对拔尖创新人才培养的关注,以此来契合信息化时代的发展需要。

(二)教育背景:强基背景下人才多元化需要

"强基计划"旨在培养综合素质优秀或基础学科拔尖的学生,为国家输送多领域紧缺的高新人才。在信息化时代,信息技术已经渗透到社会的各个领域,信息学竞赛赛制对拔尖创新人才的需求更加迫切和多元,如图1所示。基础教育是学生提高基础素质和夯实学科基础的关键阶段,学校培养拔尖创新人才的责任重大。

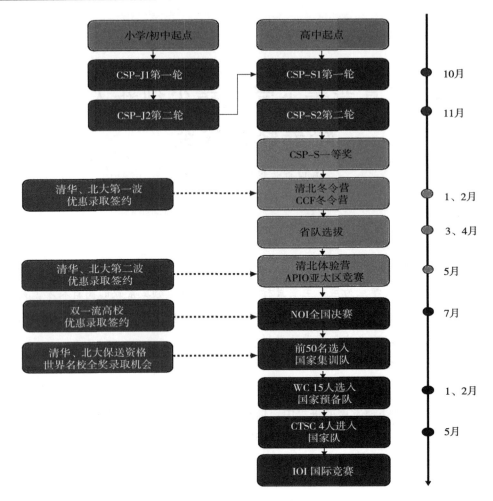

图1　信息学竞赛赛制

二、强基背景下学校拔尖创新人才培养的目标与定位

（一）课程目标定位

在强基背景下的拔尖创新人才培养中，学校需要明确课程目标的定位。课程目标的定位应紧密结合信息化时代的需求，旨在培养学生的信息技术素养和创新能力。通过明确课程目标，可以更好地引导教学内容和方法，使学生在拔尖创新人才培养中得到全面发展。

（二）能力目标定位

拔尖创新人才培养的目标不仅仅是掌握技术知识，更要注重培养学生的核心能力。在强基背景下，学校的拔尖创新人才培养应定位于培养学生的创新思维能力、问题解决能力和终身学习能力等。学生应具备信息获取和处理的能力，能够灵活运用信息技术解决实际问题。同时，学生还应具备批判性思维和创新意识，能够独立思考、合作探究，具备跨学科的综合能力。

表1该同学在小学时就拿到了NOIP 2017获得二等奖，高一时就获得了NOI 2022金牌，入选了国家集训队，成功保送北京大学！由此可知，信息学竞赛属于持久战，它需要参赛队员不断积累、巩固，反复参赛磨炼意志力。

表1　某同学信息学成果呈现表

获奖	分数	选手排名	年级
NOI 2022 金牌	419	37	高一
APIO 2022 线上金牌	170. 31	28	高一
WC 2022 银牌	104	280	高一
NOIP2021 一等奖	344	12	高一
CSP2021 提高一等奖	255	387	高一
CSP2020 提高一等奖	180	1481	初三
CSP2020 入门一等奖	400	1	初三
CSP2019 提高一等奖	301	1432	初二
CSP2019 入门一等奖	315	460	初二
NOIP2017 普及二等奖	230	1319	小学

（三）师资目标定位

师资目标的定位应包括但不限于以下方面：提升教师的信息技术素养和创新意识，更新教师的教学观念和教育理念，培养教师的信息化教学设计和评价能力，提高教师的团队协作和跨学科教学能力，使其成为拔尖创新人才培养的引领者和推动者。

三、强基背景下学校拔尖创新人才培养的内容

（一）信息化知识与技能培养

1. 信息技术基础知识

筑牢基础是强基班的首要工作，只有学生形成对基础信息知识的了解，才能够逐步深入，完成对更深层次内容的学习与应用。基础知识主要包括计算机软硬件的基本原理和操作技巧，学生需明确计算机的组成部分以及基本架构，熟悉各种网络工具的使用方法，掌握操作系统与网络安全的基本知识。此类基础知识将会为学生后续信息化学习与应用奠定坚实的基础。

2. 信息素养和分析技能

信息素养是指学生对信息的获取、评估、组织和利用的能力。信息素养的培养包括学生对信息来源的判断和筛选，了解信息的真实性和可靠性，以及对不同形式的信息进行综合分析和评估的能力。这些能力不仅可以帮助学生获取有价值的信息，还可以提高

学生的问题解决能力和创新能力。在拔尖创新人才培养中，强基背景提供了更多机会和资源，学校可以通过提供丰富的信息素养培养课程和资源，激发学生对信息素养的兴趣和好奇心。学生可以学习信息搜索和筛选的技巧，掌握信息检索工具和数据库的使用方法，了解学术文献和数字资源的利用途径。

（二）信息化实践能力培养

1. 创造意识和创新能力

"强基计划"的目标是培养综合素质优秀或基础学科拔尖的学生，学生需要具备面对复杂问题和挑战时能够主动思考和创造的能力。首先，培养学生的创造意识。学校应该创设积极的学习环境，激发学生的好奇心和求知欲。通过开展有趣的课程和活动，引导学生提出问题、提出观点，并培养学生积极思考和质疑的能力。其次，创新能力的培养也是不可或缺的。学校应注重培养学生解决问题和创新的能力。通过开展科学实验、课题研究和工程设计等活动，学生可以学习并运用信息技术工具进行数据分析和实验探究，培养观察能力、分析能力和创新思维能力。强基背景下，学校拔尖创新人才建设要注重学生的创造意识和创新能力的培养，这符合信息化时代对人才的需求和社会的发展趋势。

2. 社交意识和合作能力

在信息化时代，信息的共享和协作已成为常态，因此学生需要具备良好的社交意识和合作能力，以适应社会发展的需求。首先，强基背景下的拔尖创新人才培养要注重培养学生的社交意识。学生需要理解并尊重他人，具备良好的沟通能力和人际交往能力。通过课堂教学和校园活动，学生可以参与团队合作，学习如何与他人进行有效的合作和协商，培养团队意识和集体荣誉感。其次，合作能力的培养也是拔尖创新人才培养的重点。学生需要学会与他人共同合作，通过合作来解决问题和完成任务。学校可以通过小组合作学习和项目实践等形式，培养学生的合作意识和团队精神。

四、强基背景下学校拔尖创新人才培养的路径与策略

（一）以导师制为基础，贯彻全面培养目标

强基班的建设应将导师制作为起步，通过配置班主任与校内名师的方式，为学生提供个性化的指导以及全流程、全方位培养，以此来保证学生能够在信息化技术方面获得有效提高。从学生的视角来看，彼此间的特点和需要各有差异，导师通过了解每位学生的特点与需要，可以为其提供量身定制的生涯规划以及培养方案，使得每位学生都可以最大限度地展现出自己在信息化领域的优势。校内名师作为任课教师，可以为学生提供深入的学科指导，给学生传授必要的信息技术知识与技能，可以引导学生逐步形成对信

息化的概念和内涵的认识，增强学生的信息处理与创新能力。除此以外，导师还可以为学生提供可以合作交流、实践应用的项目案例，促使学生将自己所学知识内容整合到实际情境中，提高学生的实践能力和问题解决能力。

理论培养、实践培训均是强基班的重要教育方向，但却并非全部，若想要贯彻落实全面培养的目标，既要做好上述工作，更加需要注重增强对学生的综合素质的培养。创新思维、团队意识、沟通能力等都是学生不可或缺的素养。通过导师制的辅助，班主任与任课教师可以更多地关注学生的成长需要，可以逐步引导学生将此类素质潜移默化地融合到信息化领域。

（二）优化课程设计，对接高校"强基计划"

学校需要有意识地对应高校"强基计划"的招生政策，既要完成国家规定的有关义务教育的必修课程，更要针对参与"强基计划"的学生提供高阶课程，逐步推进学生综合素质以及信息技能的提高，进而提升其学科水准与创新能力。为培养学生的学科专长和创新能力，可以强化实验操作与探究学习，提供更多的实践机会和科学实验，让学生通过实践探索和发现，培养科学精神和动手实践能力。同时学校还可以注重培养学生在信息技术、英语交流、演讲口才、体能训练等方面的素质，提供相应的课程和活动，全面提升学生的综合素养。

（三）推进学校交流，开辟学生发展通道

"强基计划"的落实需要循序渐进，从初中逐渐过渡到高中，最终发展到大学，经历的过程缓慢且细致，而在时间的推移过程中，基础教育学校应该保持和高校相同的步伐，此举需要与高校连接合作方能解决。通过彼此间的合作关系的确定，可以更好地开展合作项目与交流活动，构筑学生和高校教师、高校学生交互沟通的桥梁。在此过程中，可以组织学生参观高校信息技术实验室、参加高校举办的信息化竞赛或科技创新活动，让学生亲身体验高校的信息化教育和研究成果，激发学生的兴趣和潜能。同时，高校教师和学生也可以到学校举办讲座、授课或指导，分享经验和知识，为学校的拔尖创新人才培养提供专业指导和支持。

学校选择与清华大学、北京大学等高校达成共建关系，共同构建强基背景下的学生发展路径。在此过程中，通过线上和线下的交流活动，学生可以相互分享学习经验、探讨学科问题，并展示自己的成果和创新项目。这样的交流平台不仅可以促进学生之间的学术交流和思想碰撞，还可以拓宽学生的视野，激发学生的创新思维和学科兴趣。此外，学校还会推荐具有学科专长的优秀学生参加清华大学或者北京大学的夏令营或冬令营，使得学生可以接触到高水平的教学资源和学术氛围，与来自全国各地的优秀学生进行交流和合作。

（四）提供生涯规划，助推综合素质形成

在强基背景下，学校可以通过提供生涯规划，助推学生综合素质的形成，从而促进拔尖创新人才的培养。首先，引导学生了解信息化行业的发展趋势和就业前景，培养其对信息技术的认知，增强学生的多方面能力，在未来工作中还可以邀请信息技术领域的专家或企业代表来校开展讲座或实践活动，让学生了解信息技术的应用领域、创新发展和职业发展机会，激发其对拔尖创新人才的追求。此外，学校在拔尖创新人才培养中还需要重视理想信念教育和心理健康教育，以培养学生的正确价值观和积极心态。理想信念教育是帮助学生坚定理想信念、树立正确人生观和价值观的重要环节。

（五）构建家校桥梁，借力合作共助成长

"强基计划"的落实有效与否，与学生家庭对其成长的支持有极为密切的关联，构建家校沟通合作的桥梁是重要的落实方向。家庭是学生成长的核心支持力量，同时也能为拔尖创新人才的培养奠定相应基础。为有效地推进强基班的建设，应着重加强和家庭的合作交互，实现资源共享与优势互补，为人才成长提供更多的支持。首先，构建以校为本的家校合作模式，强基班的负责人应主动与家长进行交流沟通，将家庭力量囊括到学生培养当中，通过定期召开家长会等形式，邀请家长参与学校的拔尖创新人才培养工作，了解家长对学校的需求和期望，同时向家长传达学校的教育理念和目标。通过建立密切的家校联系，可以达成教育共识，增强家长对学校的信任和支持。其次，构建"民主型"和"人际型"的参与形式。学校还需要鼓励家长参与到学校的拔尖创新人才培养活动中来，如组织家长志愿者团队参与课程设计和教育活动的策划与实施。这种参与形式，可以使家长更深入地了解强基班的教育工作，形成教育合力。

"强基计划"作为目前对接社会对优质人才需求的重要支撑，可以为拔尖创新人才培养注入全新的活力。学校在进行教学指导的过程中，应进行全方位的研究探索。既要做好对课程体系的优化完善，也要做好对各种新思想和新方法的挖掘，持续贯彻落实"强基计划"的多项要求，这样才能培养出更多优秀的拔尖创新人才，为国家发展做出积极贡献。

参考文献

[1] 杜剑涛. 我国高校"强基计划"政策探微 [J]. 湖北招生考试，2023 (1)：11-15.

[2] 阎琨，吴菡."强基计划"人才的培养实践研究：以清华大学强基书院为案例 [J]. 国家教育行政学院学报，2022 (10)：62-69，79.

[3] 施观雪，毕华林. "强基计划"背景下基础教育人才培养的新要求 [J]. 教育理论与实践，2022，42 (23)：9-12.

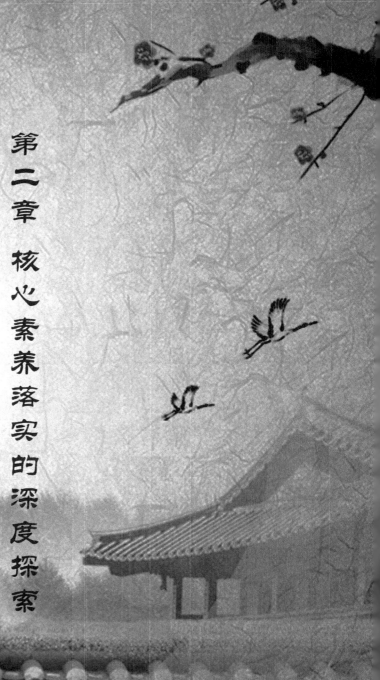

第二章 核心素养落实的深度探索

4. 地方史视域下教学立意的确立与达成

——以"南洋乡愁：海口骑楼之美"研究课题为例

海口市第一中学　张艳艳

摘　要：地方史可以缩短历史与学生的距离，让学生了解家乡的名胜古迹、风土人情，让学生感受到历史就在身边。本文将骑楼地方史资源运用到历史教学中，探索具有灵魂的研究课，采用多样化的教学策略实现教学立意的梳理达成。

关键词：地方史；教学立意；骑楼之美；确立与达成

历史浸润着过去发生的事情和人们活动遗留的痕迹，但并非所有历史对我们的意义都一样。只有与我们日常生活紧密联系，在生活的空间领域时常显现，才会让人记忆深刻。草木深邃，建筑栉比，让人流连驻足，内心激情澎湃，引发深入情感共鸣，渗透着岁月和劳作的沉淀，影响着人们的价值观和人生观。那一草一木、一楼一墙，都在与我们喃喃私语，低声诉说着它的过往，触动着围观它的人们内心温柔的记忆，似曾相识的情景在脑海中浮现，我是谁？我从哪里来？我要到哪里去？这种历史饱含着我们的欢笑与痛苦，深入骨髓，是生于斯长于斯的不变情怀，这就是我们所说的家国情怀，体现地域文化的地方史。

地方史是指在某个特定区域的历史记录。这种文化传统构成了一定地域内共同生活的人们物质精神文化背景，是其他人无法理解和体会的，关系到日常生活，深刻塑造着生活在此地域中的人们的情感和认知。地域文化的传承和文化空气渗透到现实的生活，历史不再是与自己毫无关系的知识堆砌，而是鲜活的身边人、身边事。具体到历史教学中运用的地方史，主要是指我们所处地域的自然、社会、政治、经济、文化等方面的情况，包括文字、实物和人们口耳相传的地方文化。笔者认为，在历史教学中将地域文化与历史中的核心要素，重要的历史事件和人物、传统渗透到课堂引领教学，才能够更有效地激发学生对自身生活地域的探求欲望，影响他们的行动和思想。

一、创新立意 确定主题

教学立意决定教学的程序流程和设计思维高度。教师依据课程标准，结合学生的学情，在分析文本的基础上确定一节课的主题思想，包括教师的教学意图和教学内容构思设想等。确定好教学主题思想，再进行教学设计。本节课立意在践行追寻"生命历史"，深耕"有人课堂"的教育教学理念，通过社会资源的挖掘与整合，用历史的智慧缔造人性之美。为何要以骑楼为中心学习海南地方历史，了解地域文化？以所见所闻的海口家乡骑楼老街作为代表性史实，让学生们感悟百年骑楼在传承发展中的思想延续，通过自己实地调查和了解现实发展状况，认识这些历史建筑对海南特色文化发展的影响。

就学情而言，本课授课对象是八年级学生，他们已完成对统编教材《中国历史》的学习，有了一定历史知识储备，初步掌握了调查研究、史论结合、对比分析等历史学习方法，具备一定解读、分析和概括历史的能力。他们对海南的历史文化也有所了解，去过或听说过骑楼。从生活的文化要素和自身居住环境谈起，更容易调动学生的积极性。

重视初中历史教材"大历史"基础历史知识与地方史"小历史"两者的关系，从宏观和微观两个层次有效开发和应用海南地方史课程。在自编地方史教材文本的基础上对骑楼之美进行解读，让学生了解家乡历史，使历史学习更好地服务家乡发展，确定本课重点：讲述骑楼的历史、建筑、人性之美。难点：骑楼是城市的灵魂和"家"的纽带。设计了五个教学环节：十三载纸短情长、多少骑楼烟雨中、南洋风来海南味、百年回望话复兴、绝代风华骑楼魂。本课能提升学生的必备品格、关键能力、价值观念，培养学生的核心素养与人文精神，促使历史回归生活，激发学生学史兴趣和增进学生"爱国爱乡"的家国情怀，体现出重人文、重发展、重家国情怀的设计意图和理念。依据上述分析，本课教学立意为：通过学习海南海口的地方特色文化代表骑楼，感受骑楼的美，领略骑楼的历史沿革、风俗民情、美食风俗等现实生活，发挥骑楼在中学历史教学中的魅力。让学生触摸城市的旧时光和烟火气，感受骑楼的历史渊源和民俗风情，理解认识到骑楼文化是历史发展沉淀的结果，海南地域文化的影响力会吸引世界的目光，增强学生对于本土文化的认同感、自豪感、荣誉感和归属感。

二、挖掘素材 优选活动

确立教学立意，如何将教学主张落实到课堂，让它产生应有的光芒和温度呢？用我们历史的智慧，缔造有深度的课堂，结合研究课的内容，谈谈以下具体的做法。

（一）挖掘骑楼素材，突出教学立意

教学立意确定后，整合自编地方史教材中第三单元"百年沧桑的海口文化名胜"第5课"中国历史文化名街"海口骑楼老街，设计了教学的层次、线索和构建了本课的结构，分为五个环节。

第一环节：十三载纸短情长。从十几年前初一学生给市长的一封热情洋溢的信说起，学生组成团队亲身参与数据调查，挖掘骑楼资源，与骑楼对话，思考过去与现实，对比反思。通过对现场参与者的调查，了解学生对于骑楼的初始印象。

第二环节：多少骑楼烟雨中。触摸城市的旧时光，感受记忆之美，学生从历史沿革、风俗民情、美食荟萃、庙宇故居四个方面分享了调查结果，交流谈论和展示汇报自己所了解的骑楼，自我探寻骑楼的历史渊源和民俗风情，感受现实生活中的骑楼。

第三环节：南洋风来海南味。邂逅灰塑翰墨香，感受建筑之美。通过小组合作亲手搭建骑楼模型，学生感受骑楼建筑的魅力，如雕花、彩窗、女儿墙、灰塑面等独具特色的建筑美学，动手实践观察骑楼构建，进行协作和思考。感受老街深处有人家，从而感悟到南洋游子归乡心、抗战无私爱国心和流光灼灼守初心三个层面的人性之美。

前三个环节通过设计活动和课堂展示，层层深入，探究骑楼建筑之美，使学生感受到骑楼建筑艺术的美，所承载的历史文化遗产，自主探索骑楼建筑风格的多样性、多元性、中西合璧及传承经典的时代特质。

第四环节：百年回望话复兴。如何让海口骑楼老街成为"更美"的风景线？探讨思考和感悟，让学生感受到历史变迁和生活美好，希望他们通过自己的努力切实保护骑楼。

第五环节：绝代风华骑楼魂。通过在明信片上书写骑楼寄语，打卡海南自贸港，并送给现场的老师，大家都会爱上见证了沧桑岁月的骑楼——这个我们共同叫"家"的地方。

（二）优选设计活动，达成教学目的

理解"骑楼建筑之美"和培育学生的"文化自信"是本课深耕"有人课堂"的关键，在授课过程中，设计教学过程达成教学立意，对教学活动进行精雕细琢优选很重要，通过精选的活动引导学生走进历史现场，完美诠释骑楼建筑之美，本课在设计活动时主要围绕三个方面开展。

1. 前期围绕骑楼建筑的实地考察和调查研究

学生走入骑楼与文化对接，交流方式主要是实地考察和调查研究，通过亲眼去看修缮后的骑楼老街，寻访骑楼生活的人和事，分享自己调查情况和感受。课前教学活动引导学生走进遗迹现场，深刻感受近代海南人民用辛劳、智慧和汗水留下的丰硕遗产，这是学生对建筑师及创造历史的劳动人民文化价值的深度领悟，激发学生对自身生活地域的探求欲望。转变学生学习方式和思想理念，立足"学以致用"多途径在历史课堂中展示地方史。

2. 团队合作，现场动手搭建骑楼模型和书写明信片

学生通过小组合作，现场动手实践搭建骑楼模型，感受骑楼的建筑之美。让学生主动参与课堂，在共同参与搭建模型中培育团队合作意识，提高学生的动手和动脑能力，拓展提升学生的历史思维。学生既参与书写明信片，也充当历史故事的记录者，成为生活和学习的主人，落实历史学科核心素养。书写明信片升华所学历史知识，写好的明信片送给老师，传递师生情、学生意。咫尺天涯，乡味长存，孩子们真情流露，字字显真情，片语彰性情。

3. 灵活现场采访，不拘泥于课堂教学

课堂中，学生走入教学现场充当小小记者或调查员，确定采访提纲，现场采访老师，提出问题。如你参观过骑楼或者参加过骑楼的活动吗？你能说出骑楼的五条一类风貌道路吗？你能说出一个骑楼的故事吗？你阅读过有关骑楼的图书或者看过相关视频吗？学生通过对两位老师的现场采访，发掘老街深处有人家——人性之美。油画《老街记忆》，笔墨丹青描烟火，凤凰涅槃展新姿，以游客旗袍秀展示人物之美的交融。老师回答学生的提问，让学生更加理解骑楼对于人们生活的影响。

三、美育塑造健全品格

溯史寻源话骑楼，深耕课堂探有人。通过创设民主亲和的课堂氛围，搭建充分调动学生自主学习积极性的平台，学生主动探索感受骑楼建筑风格的多样性、多元性、中西合璧及传承经典的时代特质。地方史不再是遥远的历史年代、事件和人物的集合体，而是真实的在学生身边发生、发展和演绎的事物。地方史的教学要展示本地区的历史发展和成果，使学生在学习过程中，对自己家乡进行了解。

建筑师把欧陆建筑风格与中国古典建筑融为一体，与热带多雨的气候特点和自然地理环境格局相结合。通过了解骑楼建筑之美，认识到骑楼之美是开放胸襟兼容并蓄的，感受建筑是活着的城市历史，领略建筑承载的时代精神。历史课堂倡导学生主动参与探究，通过动手搭律骑楼模型等活动，培养动手能力、交流和合作能力，感受骑楼设计者的创意和历史文化遗产魅力。

骑楼对学生来说既熟悉又陌生，熟悉是因为在骑楼附近长大，骑楼的历史就是家的历史，陌生是因为骑楼里的人物故事大家并未深入了解，发动学生寻找搜集相关资料进行整合、筛选。骑楼是这份城市记忆中最好的纪录，骑楼老街中一个个带有时代印记的历史名人带给他们震撼和感悟，学生从身边的历史中学到诸如进取创新、正气凛然、爱国奉献、心怀家乡的品质，领悟到做人、做事的基本态度，激发对人生道路和价值理想的深度思考，最后收到了良好的效果。

通过这堂课的学习和活动，学生加深了对骑楼建筑之美的认知，激发了对国家、海南、家乡的热爱，树立了对国家、民族、家乡的历史责任感。楼在人在，家在情在。学生分组收集骑楼的故事，有关物品、文献等实物资料，真正深入地了解了自己的家乡。丰富而厚重的骑楼文化就成为培养学生人文底蕴、责任担当、文化认同的重要载体。

历史学科是陶冶人格、开阔视野、传承文化的重要学科之一，在教授历史知识的过程中，掌握初步的历史问题分析方法，实现历史教育的功能，树立健全的情感态度和价值观。教育的灵魂在于价值的引领，正确的价值引领有助于实现历史教育与德育的有机融合，完成立德树人根本任务。地方史是人的精神栖息地，孕育的种子生根发芽，茁壮成长，学生通过地方史的学习和社会实践，了解地域文化，加深对家乡的热爱。

四、情感升华　融汇历史

教育家苏霍姆林斯基说："学生热爱祖国的情感是从爱家庭、爱学校、爱集体农庄、爱工厂、爱祖国语言开始的。"加里宁也说过："祖国是扩大的家乡，家乡是看得见的祖国。"我们培养学生的爱国主义情操要从爱家乡开始，了解家乡的人、事、物，联系日常生活，从生活经验和日常活动出发，不局限于教材内容，找到与学生思想相联的切入点，对资源进行精心筛选和合理运用。

以"感受骑楼建筑之美"为立意，开发教学资源和整编地方史教材，让学生感受到鲜活的历史画面和人物个性，领略骑楼的生活。创设历史情境，将课堂营造成师生、生生之间交流互动的舞台。好的教学立意，有利于提升课堂教学的品质，拓展生命的历程，激发学生的情感体验，达成课堂教学的目标。百年之后看骑楼重在思想延续，重在家园的建设，重在人文精神，重在未来发展，重在家国情怀。

地方史视域下的地方史教学不仅使课堂成为师生共同体验，学生通过调查认真分析得出结论，实践动手构筑骑楼手工模型，现场采访在座老师，增长了地方史的感性知识，学会利用地方史的建筑、遗迹、民俗、图片、文字、口述资料等从事研究，为将来进行地方史的实践做准备。在学生心中种下将来努力参与地方建设、服务地方经济的种子，让学生树立正确的价值观、人生观，激发学生关心家乡建设的意识，学以致用。

本节课以美的素养、美的情怀追寻生命历史，在地方史视域下实现教学立意的确立与达成，将历史教育的社会教育功能与人的发展教育功能结合起来，使得地方史教学在实践中彰显新颖的格局，更加有价值、有效果、有趣味。

参考文献

[1] 钟兰. 立德树人视阈下教学立意的确立与达成：以《唐朝的中外文化交流》一课为例 [J].

广西教育，2020 (1)：50 - 51，94.

[2] 李敏. 岳麓版必修Ⅰ"欧洲大陆的政体改革"教学立意的确立与达成 [J]. 中学历史教学参考，2018 (3)：59 - 61.

[3] 李芙容. 家国情怀视域下的地方史资源教学：以重庆合川为例 [D]. 太原：山西师范大学，2021.

5. 聚焦学科核心素养的初中编程校本课程的实践

——以海口学校开设的编程课程为例

海口市第一中学　谢小鸿

摘　要：聚焦信息科技核心素养开发初中编程校本课程的探索，如何结合实际让对编程感兴趣的同学们更深入了解编程，培养学生的计算思维和创新能力是亟待解决的问题。本文从已具备多年备赛信息学竞赛经验的海口市城区学校着手，结合各校的课后服务开展情况，以激趣普及为目标，以赛事促进学生竞争，揭开信息奥林匹克的神秘面纱，让初中生愿意学、喜欢学、学以致用。

关键词：核心素养；初中校本课程；C＋＋编程

近年来，海口市小学生接触的编程以图形化编程为主，仅有极个别小学六年级的学生通过校外培训机构学习C＋＋编程。如果当下想要利用课后服务在初中阶段开设C＋＋的编程校本课程，就需要充分考虑学情和课程目标，以确保能够持之以恒地顺利推广入门级课程，并能逐年向全国青少年信息学奥林匹克竞赛输送参赛选手，形成以赛促学的良性循环。

一、初中编程校本课程开发的背景

从国家"十四五"规划中我们可以看到，在严峻的国际形势下，中国将加大决心促进"科技自立自强"，科技创新势在必行，创新人才培养也迫在眉睫。教育部高度重视学生信息素养提升，已制定相关专门文件推动和规范编程教育发展，将包括编程教育在内的信息技术内容纳入中小学相关课程。

核心素养是党的教育方针的具体化，是连接宏观教育理念、培养目标与具体教育教学实践的中坚环节。随着数字化时代的到来，编程课程也顺应时代迅速兴起。编程对学生的文化课学习也会有一定帮助，比如：训练逻辑思维能力、阅读分析能力和创新能力等。

二、初中编程校本课程实践中存在的问题

（一）如何在课程实践过程中聚焦信息科技核心素养

2022 年 4 月出版的《义务教育信息科技课程标准（2022 年版）》中明确指出，在义务教育阶段信息科技课程要培养的核心素养有四项内容，分别是信息意识、计算思维、数字化学习与创新和信息社会责任。作为一门始于激趣普及的校本课程，编程校本课程应明确校本课程的立场，结合本校实际，确定课程目标。笔者在确定课程目标时遵循依据学科结构、考虑学生特点和结合社会需要三大原则，将信息科技学科四大核心素养渗透到本课程的各项目标之中。按照信息科技新课标的要求确定课程目标，需要从多个方面进行考虑和制定，考虑到技术知识和技能、信息技术素养、创新及实践能力、科学态度和人文素养等因素。在具体操作时，可以结合课程标准、学生需求和实际情况综合考虑，定期回顾和修订，确保目标的真正实现。

（二）如何激发学生学习信息学的兴趣

如果生搬硬套，学生对各种新鲜的案例应接不暇，那么聚焦培养学生计算思维收效甚微。只有对各种因素进行全面的分析和综合考虑，才能制定出贴合学生个性化和实际情况的编程课程内容，促进学生的学习和发展。首先，明确课程目标。信息学课程包含多个知识点和技能，需要教师在规划课程时明确课程目标，使得学生能够迅速了解和掌握这些知识点和技能。其次，创设平台，让学生积极参与。信息学课程是一门实践型课程，需要学生积极参与实践操作。最后，引导学生开展实践。为了让学生通过实践掌握知识点和技能，教师可以安排学生参与一些实践操作，例如合作完成编程作品、参加多种形式的编程竞赛等，从而提高学生实践操作的能力。教师可以通过模拟实践、多媒体辅助等方式让学生快速掌握信息技术方面的知识。在开设 C＋＋编程校本课程的实践过程中，笔者时刻关注学生的学习和思考过程。通过开设探究课程、帮助学生做好课堂笔记等方式，教师可以促进学生的学习能力和思考能力的提升。

（三）如何聚焦核心素养组织课程实施

作为一门新时代的校本课程，C＋＋编程校本课程应该聚焦学科核心素养组织课程实施。在组织课程实施过程中，海口城区四所学校围绕"聚焦核心素养的初中编程校本课程开发与实践"课题主题，贯穿整个研究过程，不断对比、不断摸索应该用什么方式才能将学科核心素养渗透到 C＋＋编程校本课程之中。笔者尝试从以下几个方面入手。

1. 强调信息科技核心素养

信息科技核心素养是指在数字环境下有效获得、处理和应用信息的能力和技能。在开展编程课程时，需要着重强调信息科技核心素养，引导学生学习掌握信息加工、信息

理解和信息创新的核心技能。

2. 着重培养编程思维

编程思维是逻辑思考和计算思维的重要体现，是编程课程中主要培养的核心技能。通过编程培养学生的分析、抽象、归纳和推理等能力，不仅可以提升其信息加工和理解能力，还可以培养其创新和解决问题的能力。

3. 发挥编程课程在跨学科融合方面的优势

与其他学科相比，编程课程具有较好的跨学科融合优势。可以根据不同学科的要求，将编程技能应用于不同领域和实际问题中。例如在数学、化学和物理等学科中，通过编程模拟和分析，提升孩子的学科综合能力。

4. 找到合适的编程课程资源

编程课程需要具备丰富的教育资源，如编程软件、编程书籍、在线学习平台、视频教程等。在组织编程课程实施时，需要找到一些适合学生学习的编程资源，并且放置好编程工具包。在课程开始前还可以进行一些启蒙性的编程教育，让学生了解编程的基础套路。

5. 建立良好的编程学习环境

在课程实施过程中，需要给学生们提供一个良好的编程环境，让孩子能够安心学习。因此需要有合理的电脑、平台等工具设备。此外，也可以设置编程交流和互动的课程论坛或群组，让学生们能够自由交流。

总之，聚焦信息科技核心素养组织编程课程实施可以培养孩子的科技素养，提高他们的信息加工能力和创新能力。

（四）如何落实以赛促学开展课程评价

以赛促学是在课程评价中常用的一种方法，通过比赛、竞赛等方式，调动学生的积极性和创造力，突出培养学生的实践能力并提高课程评价的准确性和公正性。以下是一些关于如何落实以赛促学并开展课程评价的建议。

1. 在校内设计合适的比赛题目和形式

比赛的题目和形式需要与课程内容紧密相关，并能够激发学生的学习兴趣和创造力。同时，还需要考虑个人和团队的参与情况以及比赛时间和场地安排等问题。

2. 参考国赛、省赛，设立校内奖励和评选标准

为了鼓励学生积极参与比赛并取得好成绩，需要设立奖励制度，例如优秀奖、一等奖、二等奖和三等奖等。评选标准可以是创意性、技术难度、实用价值等多个方面。

3. 充分调动学生积极性

教师可以通过宣传、推广和组建比赛团队等方式，调动学生的积极性和参与度，以提高比赛的质量和数量。

4. 合理安排课程评价的时间和形式

需要合理安排课程评价的时间和形式，以确保比赛和评价工作能够有序进行。同时，需要制定评分标准和评分规则，并由专业人士进行评分，以确保评分的公正性和准确性。

5. 提供评估和反馈

对于参赛学生和团队，需要提供详细的评估和反馈，指出他们的优劣和可改进之处，帮助他们不断完善和提高自己的技能和水平。

因此，以赛促学是一种新型的课程评价方法，可以充分发挥学生的积极性和创造力，在教学中起到非常重要的作用。通过科学合理的比赛设计和评估，可以提高学生的实践能力、创造能力和应变能力，达到提高教学效果和质量的目标。在课上培养学生做一名合格的"翻译官"，不断地给学生强化巩固程序设计的四个基本步骤，逐一完成"问题分析""算法设计""编写代码""调试运行"，要让学生学会准确地将人类语言或文字描述"翻译"成计算机能识别的语言。

三、初中编程校本课程实践的具体策略

（一）扎实有效推进课程实施

培养初中生计算思维的表现特征，一是能在真实情境中发现问题，提取问题的基本特征，对问题进行抽象，分解，建模，制定解决方案；二是能执行问题解决方案，通过对数据的采集与分析，反思和优化解决方案，并将其迁移运用于解决其他问题。同时强调跨领域，编程与其他学科有着紧密的联系，包括科学、数学、社会科学、人文学科等。该课程应强调这种跨学科的联系，并致力于促进学生学科间的交叉学习和思考。学生应该学习如何将计算思维应用于不同的学科中。

这门课程需要给学生提供创造性的项目，以激发他们的学习热情和想象力。这些项目应该与学生自身的经验和兴趣相关，并且应该考虑如何将技术应用于现实生活中的问题和挑战。

学校针对七年级的学生开设"趣味C＋＋"校本课程，在学生初识C＋＋时，就建立2—4人小组机制，便于学生交流、切磋，更便于学生多角度思考问题，寻求最佳的解决方案，将代码不断根据"用户"的需求进行调整，从设计者的角度不断优化。以最简单的"两数交换"为例，作为"答题者"，已默认出题者已了解题目要求而编写代码（图1）。

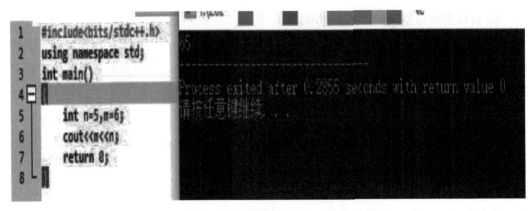

图 1　两数交换 1.0

从代码中不难看出，答题者通过自学，并不能真正理解计算机进行"两数交换"的原理，学生简单地根据题意调整位置，并未真正实现"两数交换"。因此，教师需通过"实物"演示，给学生说明"两数交换"的原理。随后，鼓励学生通过自己的理解，举出身边的例子。有位同学所举的例子让笔者印象深刻。购买甜筒冰激凌的时候，店员由于疏忽，将巧克力口味的冰激凌装到原味的蛋筒里，将原味的冰激凌装到巧克力口味的蛋筒里。现在顾客想要冰激凌的口味和蛋筒的口味一致，所以还需要另一个容器，暂时存放巧克力口味的冰激凌，然后将原味的冰激凌放到原味的蛋筒里，接着将巧克力口味的冰激凌放到巧克力味的蛋筒里。

学生经过分析，从不同角度进行思考后，随即将代码升级为 2.0 和 3.0 的版本。经过不断的复盘、优化，学生思考问题越发深入（图 2、图 3）。

```cpp
#include <bits/stdc++.h>
using namespace std;
int main()
{int a,b,t;
a=12;
b=15;
cout<<"交换前："<<"a="<<a<<" "<<"b="<<b<<endl;
t=a;
a=b;
b=t;
cout<<"交换后："<<"a="<<a<<" "<<"b="<<b<<endl;
return 0;
}
```

图 2　两数交换 2.0

```
1  #include<bits/stdc++.h>
2  using namespace std;
3  int main()
4  {
5      int a,b,c;
6      cout<<"请输入两个数";
7      cin>>a;
8      cin>>b;
9      cout<<"a="<<a;
10     cout<<"b="<<b;
11     cout<<"交换中..."<<endl;
12     c=a;
13     a=b;
14     b=c;
15     cout<<"a="<<a<<endl<<"b="<<b;
16     return 0;
17 }
```

图3　两数交换3.0

（二）建立多元化课程评价标准

在课题研究过程中，笔者发现该课程需要给学生提供多元化课程评价标准，以鼓励学生在学习中探索和创新。在校本课程开展的过程中，及时对具体情况进行归纳和分析，找出实际经验中的规律，这些评价标准应该体现出学生对于信息技术核心素养以及对编程技术的理解和应用。评估应该涵盖学生在项目中的表现、在线实验、期中和期末考试等因素，使之系统化、理论化，从而更好地、更加理性地指导教学实践。

信息学是一门重视实践的学科，实践教学是教学中不可或缺的一个环节，可以让学生通过参与实践活动来加深对所学知识的理解和掌握程度。以上策略不仅可以帮助初中编程校本课程开发的一线教师创造一门有趣而且有用的课程，而且有助于帮助学生提高他们的信息技术核心素养。

参考文献

［1］中华人民共和国教育部. 义务教育信息科技课程标准（2022年版）［M］. 北京：北京师范大学出版社，2022.

［2］中华人民共和国教育部. 普通高中信息技术课程标准（2017年版）［M］. 北京：人民教育出版社，2017.

［3］黄萍. 浅析立足核心素养开展的信息技术奥赛活动［J］. 名师在线，2020（6）：52-53.

［4］刘雪飞，陈琳，王丽娜，等. 走向智慧时代的信息技术课程核心素养建构研究［J］. 中国电化教育，2018（10）：51-61.

［5］王丹，杨成. 基于STEAM的校本课程设计与应用研究：以初中信息技术的《购物机器人》为例［J］. 当代教育实践与教学研究，2019（13）：202-203.

［6］钟方. 基于创新教育理念的校本课程教学评价体系构建：以初中机器人校本课程为例［J］. 中学教学参考，2020（12）：74－75.

［7］闵芳芳. 基于计算思维培养的初中编程教育校本课程开发与实践［J］. 课程教育研究，2019（27）：224.

［8］张立国，王国华. 计算思维：信息技术学科核心素养培养的核心议题［J］. 电化教育研究，2018，39（5）：115－121.

［9］李锋，熊璋，任友群. 聚焦数字化竞争力，发展学生核心素养：从国际国内课程改革看上海中小学信息科技教育［J］. 电化教育研究，2017，38（7）：26－31.

［10］李艺，钟柏昌. 信息技术课程核心素养体系设计问题讨论［J］. 电化教育研究，2016，37（4）：5－10，61.

［11］肖广德，魏雄鹰，黄荣怀. 面向学科核心素养的高中信息技术课程评价建议［J］. 中国电化教育，2017（1）：33－37.

［12］龚静月. 浅谈初中信息技术校本课程研发的教学方法［J］. 读写算，2018（7）：10.

6. 基于核心素养的初中足球课内外一体化教学模式探索

海口市第一中学　陈维春

摘　要：随着新课标的实施，基于核心素养的教学模式的探索成为初中体育教学改革的重点。研究运用文献资料法、逻辑分析法，立足我校足球教学实际，以新课标为指导，以新课程倡导的"教会、勤练、常赛"为指导，设计课内外一体化教学模式，通过完善组织领导架构，高位推动足球教学课内外一体化；通过开发足球教学的大单元，帮助学生掌握足球技能；通过推行动态分层教学，让学生在各自水平上都有进步；通过把课堂教学向课外延伸，逐步培养学生健康行为，将核心素养培养贯穿足球教学全过程。

关键词：初中足球；课内外一体化；教学模式

2022年4月教育部发布《义务教育体育与健康课程标准（2022年版）》（简称《2022年版课程标准》），明确了以核心素养为导向的教学实施要求，反映了新时代义务教育体育与健康课程教育价值和育人功能的提升，对新时代中小学体育教学高质量发展提出了明确要求和提供了具体指导。中小学体育课程致力于培育学生的核心素养，要求教学全面转向支持和促进学生的核心素养发展。为迎合新课程标准的要求、满足学生健康成长与全面发展的需要，我校在足球教学中认真学习贯彻新课标精神，以新课程倡导的"教会、勤练、常赛"为指导，设计课内外一体化教学模式，将核心素养培养贯穿足球教学全过程，以"教会、勤练"为抓手，循序渐进培养和提升学生的足球运动能力，以"常赛"为核心，逐步提升学生的体育品德，以足球社团和课余训练为拓展和延伸，引导学生养成良好的健康行为，最终达到了培养学生核心素养的目标，为中学足球教学改革积累了一定经验。

一、完善组织领导架构，高位推动足球教学课内外一体化

随着校园足球上升为国家战略，中小学开展足球教学的积极性明显提升，目前普及

与提高相结合的足球教学模式已基本形成。但在以往的中学足球教学中，课堂教学仍以足球基本知识、技能的训练为主，具有竞争性、趣味性的竞赛不足，在一定程度上影响了学生学习的积极性；课外训练、校内足球竞赛的"精英化"倾向，导致普通学生缺乏参与的机会，学练赛相脱节、课内与课外相脱节不利于学生核心素养的培养。随着新课标的实施，我校充分利用国家现有的政策，积极探索并实施"课内外一体化"教学模式，积累了丰富的经验，形成了成熟的模式，如图1所示。

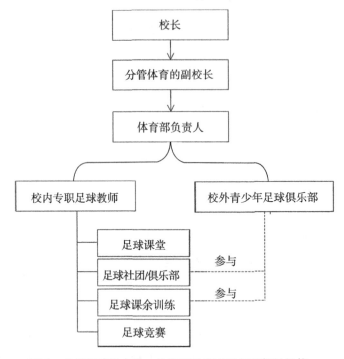

图1　中学足球课内外一体化教学模式的组织领导机构

在我国中小学足球教学中，足球教师数量不足的情况较为普遍，同样我校在开展校园足球教学中亦面临这一问题。虽然学校为了满足校园足球开展引入了一名专职足球教师，但整体上看足球生师比较高，足球教师不但承担着繁重的课堂教学压力，还要参与足球社团/俱乐部、足球课余训练的指导，此外还承担着学校足球竞赛的组织、实施与执裁等工作，整体教学负担较重。为了确保足球教学质量，广大体育教师把精力放在足球课堂教学中，足球社团/俱乐部、课余训练等规模较小，校园足球竞赛数量少，导致足球教学课内与课外无法衔接，足球普及与提高存在一定脱节。《深化体教融合 促进青少年健康发展意见的通知》、"双减"及其他一系列相关配套政策的出台与实施，为校外青少年足球俱乐部进入校园提供了良好的支持。如图1所示，我校积极抓住体教融合政策、"双减"政策等带来的机遇，积极吸引校外青少年足球俱乐部参与校园足球，构建起由校长总负责、分管体育的副校长具体负责、体育部具体推进、校内外力量互相配合的组织领导机构，将校内足球教师从繁重的工作中解放出来，让其主要承担足球课堂教学，重在通过"普及"培养学生的基本足球技能，初步培养学生的体育道德，由校外青少年培训机构的专业足球教练参与学校校园足球社团/俱乐部、足球课余训练的指导，重在"提高"，培养学生运动习惯，既有效补齐了学校足球师资力量的短板，既解决了足球教师数量不足的问题，也提升了课外足球训练的专业化程度。

二、开发足球教学大单元，培养学生掌握好足球技能

《义务教育体育与健康课程标准（2022年版）》将中小学体育课程内容分为基本运动技能、体能、健康教育、专项运动技能与跨学科主题学习五部分内容，明确指出专项运动技能教学应采用18学时及以上的大单元教学，通过对一个运动项目集中的、连续的、系统的教学让学生掌握一项运动技能。因而，在新课标实施以后，学校随即开展了足球教学大单元设计工作，邀请高校体育教学专家参与，设计开发了基于核心素养的校本足球教学内容，通过足球大单元教学帮助学生掌握足球技能。

在中学足球课内外一体化教学模式中，足球大单元教学内容的设计紧紧围绕学生核心素养培养这一目标，将教学内容分为运动能力教学内容、健康行为教学内容与体育道德教学内容等，循序渐进地培养学生的核心素养。其中，运动能力教学内容是中学足球课内外一体化教学的核心内容，主要涵盖体能、足球技战术与心理素质三方面，以足球技战术教学为基础，将体能与心理素质有机融入足球技战术教学中，在进行足球技战术教学过程中潜移默化地培养学生的体能和心理素质。其中课堂教学以一般体能为基础，以专项体能为适当补充，以传球、停球、运球与过人、防守技术等基本技术，以及进攻、防守、综合战术与分组对抗和简单的比赛为主，在培养学生足球基本技能的基础上使他们具备一定的足球运动能力；足球社团/俱乐部、足球课余训练以防守技术、假动作与摆脱、守门员技术等基本技术，比赛阵型、定位球防守与进攻、战术综合练习与比赛等内容为主，重视在普及基础上提高。通过课内与课外相结合，实现对课堂知识的巩固与提升，进一步发展学生的运动能力，同时培养他们良好的运动行为习惯和体育道德。心理素质也是足球运动能力教学的重要方面，没有具体的教学内容，而是贯穿于足球技战术教学内容中，在足球基本技术与战术的学练赛过程中培养学生良好的心理素质。健康行为与体育道德教学内容以理论教学为主，在足球运动能力教学的过程中有机融入。其中健康运动行为主要围绕安全知识保护、疲劳问题与恢复、损伤预防与处理、能量补充及情绪调节等方面展开，培养学生的安全意识、疲劳恢复、伤病预防和处理、情绪调节能力等。体育道德教育主要是培养学生的团队意识、配合意识和公平竞争意识等，如图2所示。

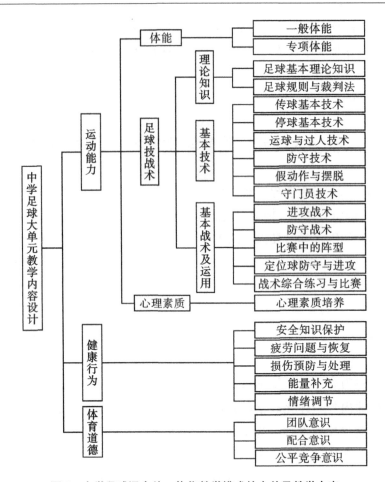

图 2　中学足球课内外一体化教学模式的大单元教学内容

三、推行动态分层教学，让学生在各自水平上都有进步

在以往的足球教学中，教师多是根据大多数学生能够承受的标准来进行练习负荷的设计，这种负荷安排能够满足大多数学生的需要，但容易导致"吃不饱"与"吃不了"并存，即部分学有余力的学生因负荷偏小而影响了运动能力的进一步提升，而部分学习有困难的学生因负荷过大而容易造成自卑心理，甚至容易引发损伤。为了解决上述问题，我校在足球课内外一体化教学的实施中，在大单元教学中引入了动态分层教学，让不同层次学生在各自水平上都有进步和发展。

《义务教育体育与健康课程标准（2022年版）》倡导采用多样化的教学评价方式，全面地评价教师"教"与学生"学"的情况。学校在足球课内外一体化教学中，将诊断性评价、过程性评价与终结性评价等多种评价方式相结合，在足球课内外一体化教学开始前，依据对学生体质健康测试结果的分析及对学生足球基本运动能力的调查，遵循学生身心发展规律、足球运动技能发展规律，将其划分为基础组、提高组和精英组三组，将身体素质较好、有一定足球运动基础的学生划分为精英组，将身体素质较差（特别是部分体重超重、肥胖的学生）、没有足球运动基础的学生划分为基础组，将其余学生划分为提高组，如图3所示。面向不同层次的学生开展差异化的教学，在课堂教学中针对基础组学生适当降低负荷，针对精英组学生设计一般负荷，即大部分学生都能接受的负荷，针对提高组学生适当提高负荷并鼓励他们在现有负荷基础上尝试更大难度的挑战。在教学内容方面，对于基础组的学生，要求他们掌握基本的足球知识、技术与技能，具备一定的实战能力，注重激发兴趣，培养他们参与的积极性，让他们能够在学会的基础上常练，在常赛的过程中体验足球学习带来的成功；针对提高组学生，要求他们较好地掌握足球基本知识、技术与技能，掌握足球基本理论、裁判法与规则，通过学会、勤练、常赛不断提高自己的运动水平；对于精英组学生，要求他们在掌握现有的教学内容的基础上，通过足球社团或俱乐部、课余训练的形式学习拓展内容，将足球课堂教学与足球社团/俱乐部、足球课余训练有机结合，通过课外强化使精英组学生具备较高的足球运动水平。在学期末，对学生的身体素质、足球运动能力进行过程性评价，了解学生的进步情况并进行动态调整，更好地发挥以评促练、以评促改的作用，从而激发学生参与足球学习、锻炼的积极性，让不同层次的学生在原有的水平上都有进步和发展，最终在培养学生核心素养的过程中促进了整体进步。

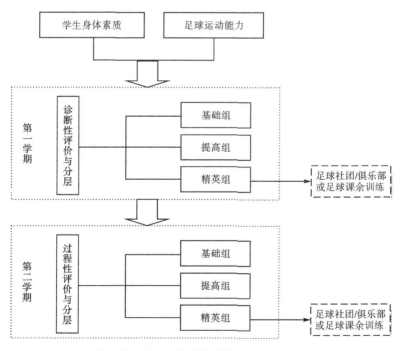

图3　中学足球课内外一体化教学模式的动态分层教学设计

四、课堂教学向课外延伸，逐步培养学生健康行为

中小学生正处于身心发育的敏感期，足球教学中无论是核心素养的养成，还是体质健康、足球运动水平的提升都需要长期坚持，持之以恒，不能一蹴而就。由于足球课堂教学时间较短，尽管以赛代练的形式能够很好地激发起学生参与足球学习的兴趣与积极性，但单纯依靠课堂难以达到提升学生体质健康、足球运动水平的目标，需要把课堂教学积极向课外延伸。

学校在足球课内外一体化教学过程中，利用新冠疫情期间"停课不停学、停课不停练"号召中积累的经验，将线上教学与线下教学相结合，将课堂教学向课外延伸，充分调动学生课余时间学习足球和锻炼身体的积极性，进而逐步培养学生的健康行为。在开发完成足球大单元教学内容之后，我校组织足球教师围绕足球大单元的重点教学内容拍摄微视频，形成足球大单元教学内容的微视频资源库。在每节课教学开始前，通过班级微信群发布微视频，给学生布置课前的预习任务，让学生在课前预习阶段自学视频，上课以比赛的形式检验预习效果，既缩短了课堂讲授时间，也大大提高了课堂教学效果，特别是竞争性比赛的引入实现了学练赛的结合，极大地提升了学生学习的主动性；课后，针对不同层次的学生布置差异化的练习任务，两人一组进行小组练习，其中一名学生练习，另外一名学生拍摄该生练习动作的微视频（拍摄时间在 30 秒到 1 分钟），然后交换练习，拍摄完成后让学生观察自己练习的动作，分析自己的动作与标准动作（课前微视频）的差距，找出自己的不足然后改正。对于基础组的学生，课后练习以巩固课堂所学的足球基本技术为主，促使他们掌握规范、准确的足球基本技术动作，掌握一种锻炼技巧，在学练赛的过程中培养良好的意志品质；对于提高组、精英组的学生，以培养比赛实战能力为主要目标，特别是精英组的学生，可以根据自己的意愿到课余训练队跟队训练，进一步提高自己的运动水平。

五、结语

《义务教育体育与健康课程标准（2022 年版）》提出培养学生核心素养的要求，对中学足球教学提出了新要求、新任务。如何改革传统的教学模式以更好地达成培养学生核心素养的目标，是一线足球教师面临的共同任务。随着新课程标准的实施，我校高度重视足球教学改革，通过贯彻落实新课标精神，以新课程倡导的"教会、勤练、常赛"为指导，设计开发出足球课内外一体化教学模式，将核心素养培养的要求贯穿于足球课

内外一体化教学实施过程中，循序渐进地培养学生的核心素养。我校足球课内外一体化教学模式有鲜明的特色，即通过完善组织领导架构，高位推动足球教学课内外一体化；通过开发足球教学的大单元，帮助学生掌握足球技能；通过推行动态分层教学，让学生在各自水平上都有进步；通过把课堂教学向课外延伸，逐步培养学生健康行为。教学实践表明，我校设计的足球教学课内外一体化教学模式具有较强的合理性和可操作性，不但达到了培养学生核心素养的目标，也帮助学生掌握了足球运动技能，养成了一定的体育锻炼习惯，促进了学生体质健康水平的提升。

参考文献

[1] 于素梅.《义务教育体育与健康课程标准（2022 年版）》的新要求、新挑战、新课堂 [J]. 教育评论，2022 (5)：36 - 41.

[2] 朱伟强，张旭琳，杜鹃. 让"教会、勤练、常赛"成为体育课程常态：《义务教育体育与健康课程标准（2022 年版）》解读 [J]. 全球教育展望，2022，51 (6)：118 - 128.

[3] 季浏.《义务教育体育与健康课程标准（2022 年版）》突出的重点与主要变化 [J]. 课程·教材·教法，2022，42 (10)：54 - 59.

[4] 于素梅. 从一体化谈"学、练、赛"及其应用 [J]. 体育教学，2020，40 (8)：17 - 19.

[5] 蒋新成. "学练赛"一体化实施策略 [J]. 中国学校体育，2020，39 (7)：68.

[6] 马良. 中小学校园足球课内外一体化教学策略研究 [J]. 冰雪体育创新研究，2021 (20)：77 - 78.

[7] 陈淑芹. 校园足球背景下小学足球课内外一体化教学策略 [J]. 教育观察，2020，9 (3)：141 - 142.

7. 以真实情境和探究问题促进 核心素养的发展

——以"平行线的性质在生活中的应用"为例

海口市第一中学　张亚冰

摘　要：在现实生活中，数学模型的建立是解决问题的关键，也是核心素养的体现，通过生活中的真实情境，把生活中的问题抽象为对应的数学问题，可以培养学生的抽象能力和构建数学模型的能力，发展学生数学核心素养。

关键词：数学核心素养；图形面积；模型观念思维提升

随着素质教育的推进，全面提升学生的综合素养成为当今教育的主要目的。《义务教育数学课程标准（2022年版）》指出，数学课程要培养的学生核心素养，主要包括三个方面，一是会用数学的眼光观察现实世界，主要表现为抽象能力、几何直观、空间观念与创新意识；二是会用数学的思维思考现实世界，主要表现为运算能力、推理意识或推理能力；三是会用数学的语言表达现实世界，主要表现为数据意识或数据观念、模型意识或模型观念、应用意识。对于数学学科而言，培养学生的应用意识可以在很大程度上提升学生的数学素养，数学建模不仅是学数学的过程，更是一个用数学的过程，在一定意义上是培养学生数学应用意识的过程。以核心素养为导向，探究平行线的性质在生活中的应用过程，可以发展学生提出问题、分析问题、解决问题的能力和培养学生的探究精神和模型观念，落实学生的核心素养的发展。

一、生活中的数学模型

在生活中，数学随处可见，从婴儿的出生到火箭的发射，都有数学的影子，自然界中的数学更是不胜枚举，正如我国著名的数学家华罗庚所说："宇宙之大，粒子之微，火箭之速，化工之巧，地球之变，生物之谜，日用之繁，无处不用数学。"由此可见数学在生活中的应用广泛。笔者以平行线的性质在生活中几何图形的面积中的应用，抽象出生活中的数学模型，培养学生的抽象能力、问题意识和模型观念，发展学生的数学核心素养。

二、生活中的图形面积

几何图形的面积在我们生活中随处可见，城市规划、农林种植等领域都有很多常见的面积问题，在我们的身边也有很多类似的面积问题，比如小区的绿化面积等，而我们初中数学的图形与几何知识对我们解决生活中的这些面积问题起到了重要作用。

（一）图形面积翻倍问题

问题呈现：某居委会有一个不规则的四边形鱼塘，鱼塘的四个角都有一棵大树，如图 1。居委会打算将鱼塘的面积扩大两倍，又不能移动大树，并且还要求建成平行四边形的形状，该如何扩建？

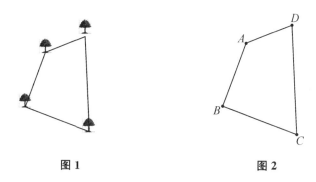

图 1   图 2

思考 1：这是生活中的一个真实情境，解决这个问题，要理解这里的隐含信息，不挪动大树，而且还要求面积是原来的两倍，形状是平行四边形，说明扩建后的大树位置只能在新鱼塘的边上或者顶点处。鱼塘可以看成是一个四边形 $ABCD$，如图 2。那怎样把鱼塘面积翻倍？与我们所学的哪些知识有关？这个问题提出后，学生会很容易想到全等三角形，将一个三角形绕着一边的中点旋转 $180°$ 后可以得到一个平行四边形，如图 3，平行四边形面积刚好是三角形面积的两倍。

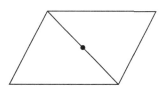

图 3

思考 2：如果能把四边形分成三角形，这个问题就解决了。《数学》七年级下册（华东师范大学出版社）探究多边形的内角和，就是从多边形的一个顶点出发，将多边形分成若干个三角形来探究的，所以学生基于对多边形的内角和的探究经验，就能想到连接对角线可以将四边形分成三角形。那么问题又来了，四边形有两条对角线，那这两条对角线都需要用上吗？还是只用其中一条就能将问题解决呢？下面就需要动手画图来寻找答案。先看只用一条对角线的情况，如图 4。

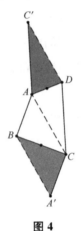

图 4

思考 3：这是沿一条对角线将四边形分成两个三角形后，分别以三角形的一边和这条对角线作出的两个平行四边形的一种情况。我们会发现这时候新的鱼塘只有 $C'D$ 和 BA' 这一组对边是平行的（即平行于对角线的这组对边），而另一组对边不一定平行，所以新的四边形就不一定是平行四边形。如果要满足平行四边形这个情况，必须满足两组对边分别平行，想到这里，就会想到，要想变成平行四边形，只需要再作一组平行的边就可以了，已经平行的这组边是通过连接对角线作出的平行，那我们把四边形的另一组对角线也连接起来，再作另一组对角线的平行线就是平行四边形了。我们连接另一组对角线来观察一下情况，如图 5。

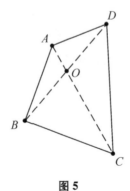

图 5

思考 4：连接两条对角线后会发现这两条对角线把四边形 ABCD 分成了四个三角形，通过前面的思考我们会发现将一个三角形绕一边中点旋转 180° 后可以得到一个平行四边形，四个小三角形都绕着四边形的四条边中点分别旋转 180° 后，就可以得到四个平行四边形了，而且面积还刚好是原来四边形面积的两倍，那么新的四边形是不是平行四边形呢？我们来看下变换后的图形，如图 6。

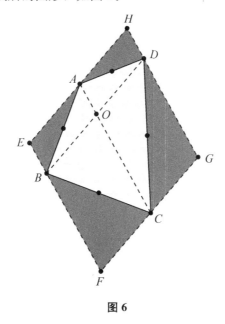

图 6

总结：通过变换，我们发现四个小的四边形 AODH、ODGC、BFCO、AEBO 都是平行四边形，由 BF // OC，BF＝OC，OC//DG，OC＝DG，可以得出 BF//DG，BF＝DG，同理可得 BE//DH，BE＝DH，由于 A、O、C 三点在同一条直线上，从而得出 EF//HG，EF＝HG，所以四边形 EFGH 是平行四边形。

问题延伸：如果没有要求新鱼塘是平行四边形，只要求不挪动大树，而且新鱼塘的面积是原来的两倍，你能想到多少种方案呢？

总结：这个问题可以用以上类似的方法解决，图 4 就是其中一种方案。如果过点 C' 作 AD 的平行线 l_1，那么 l_1 上任意一点与 A、D 连线后得到的三角形面积都和三角形 ADC' 面积相等，如图 7 中的三角形 ADC''，同理，过 A' 作 BC 的平行线 l_2，那么 l_2 上任意一点与 B、C 连线后得到的三角形面积都和三角形 $A'BC$ 面积相等，如图 7 中的三角形 $A''BC$，同理还有 AB 边和 CD 边也可做同样的操作，四条边上的四种类型可以任意组合，方案就有无数种。

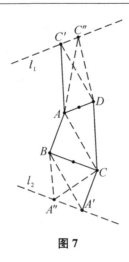

图7

（二）平分面积问题

问题呈现：某小区有一块四边形草坪，如图8，为了美化小区，物业打算将四边形草坪改造成一个花园，要求从四边形的一个顶点出发作直线将四边形面积分成相等的两份，分别种植两种花，该如何做？

图8

思考1：关于平分面积的知识，我们能想到《数学》七年级下册（华东师范大学出版社）的一个知识点，三角形的中线将三角形面积平分。如果这是一个三角形的草坪，那么这个问题就能迎刃而解，直接作出三角形的三条中线，那么就有三种方案，如图9。

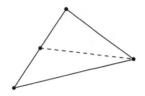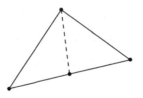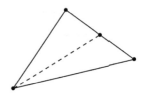

图9

思考2：如果我们将四边形转化成一个面积相等的三角形，问题就能解决了，那如何转化呢？关于面积转化问题，《数学》八年级下册（华东师范大学出版社）平行线间的距离处处相等就涉及等面积转化。结合以上两个知识点，我们如果通过三角形的一个顶点作对边的平行线，就可以画出很多等面积的三角形，如图 10，直线 l 上任意一点与 BC 连线所组成的三角形面积都和三角形 ABC 面积相等，如图中的三角形 DBC 面积就等于三角形 ABC 面积。

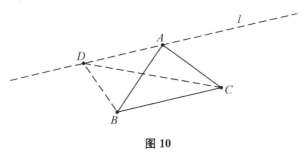

图 10

思考 3：根据所学知识，连接四边形的对角线就能分成两个三角形，再通过平行线间的距离处处相等就能将其中一个三角形的一个顶点转化到另一个三角形的一条边上，从而将四边形转化为一个等面积的三角形，通过三角形中线平分面积进而解决问题。方案如图 11 所示，共有 8 种。

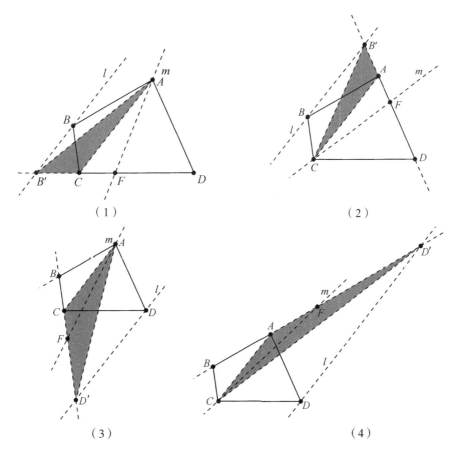

（1）　　　　　　　　　　（2）

（3）　　　　　　　　　　（4）

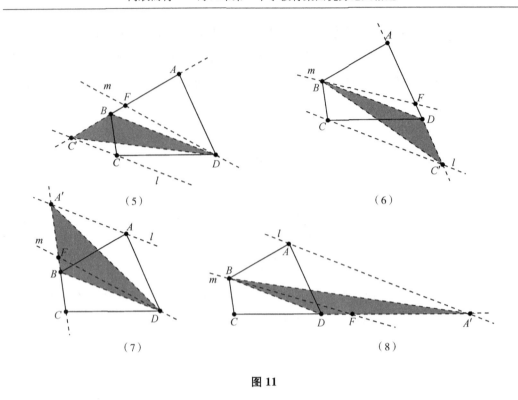

（5）　　　　　　　　　　　　　　（6）

（7）　　　　　　　　　　　　　　（8）

图 11

总结：在这 8 种方案中，方案（3）（4）（7）（8）将四边形的面积转化为三角形的面积后，三角形一边上的中点 F 不在四边形的边上，所以这 4 种方案是不可行的，共有 4 种可行方案。

问题延伸 1：那如果是通过四边形一条边上的一点作直线，将四边形的面积分成相等的两部分，又该如何作呢？

思考 1：在探究多边形的内角和时，其中一种方法就是将多边形的一条边上的一点和各顶点连线，将多边形分割成多个三角形来求多边形内角和的，那将四边形一条边上一点和各顶点连线，能将四边形分成三个三角形，如图 12。如果能把两个三角形的面积之和转化成一个面积相等的大三角形，就可以用以上方法来解决问题了。那如何转化呢？

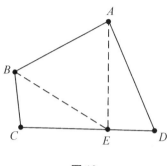

图 12

思考 2：题目要求从四边形边上一点出发画一条直线将四边形面积分成相等的两部分，所以如果能将四边形的面积变换成以边上一点 E 为顶点的三角形面积就可以了，通过图 12，我们可以看到，如果能将△CBE 和△ADE 转化成以 E 为顶点，并且一条边在 AB 边所在的直线上的三角形就可以了。通过前面的探究，结合平行线间的距离处处相等将三角形做一个等积变化就可以了，如图 13。

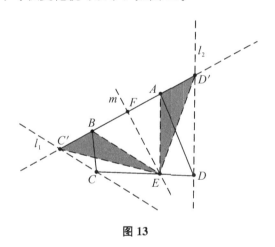

图 13

总结：这是从四边形的一条边上任意一点来分割四边形的一种方案，通过平行线间的距离处处相等，过点 C 作 BE 的平行线 l_1 将三角形 BCE 的面积等积变形为三角形 $BC'E$ 的面积，这样就把 BC 边转化到和 AB 在同一条直线上的 BC' 的位置，同理，将三角形 AED 转化为面积相等的三角形 AED'，这样就能将四边形 $ABCD$ 转化为面积相等的三角形 $C'ED'$，再作三角形 $C'ED'$ 的中线 EF 就可以将三角形面积等分，如果中点 F 在四边形的边上，则为可行方案，所以可行方案有很多，不再一一展示。

问题延伸 2：如果这是一块三角形的草坪，从三角形一条边上一点作直线将三角形面积分成相等的两份，又该如何作呢？这个问题的解决方案同上面类似，通过平行线间的距离处处相等来转化面积，具体方案就不再详细说明，感兴趣的读者可以自己试一下。

三、课堂中的思维提升

（一）注重模型观念的培养

模型观念主要是指对运用数学模型解决实际问题有清晰的认识。数学建模是数学六大核心素养之一，从小学阶段的模型意识到初中阶段的模型观念，再到高中阶段的数学建模，每个阶段都有不同的侧重点，初中阶段表现为模型观念，所以在初中数学教学中要注重对学生模型观念的培养。

在"图形面积翻倍问题"中，用到的一个数学模型就是《数学》八年级下册（华东师范大学出版社）课本 85 页练习第 1 题，题目如下。

在如图 14 的格点中，每一格点与它周围各个格点的距离相等，以格点为顶点，你能画出多少个平行四边形？

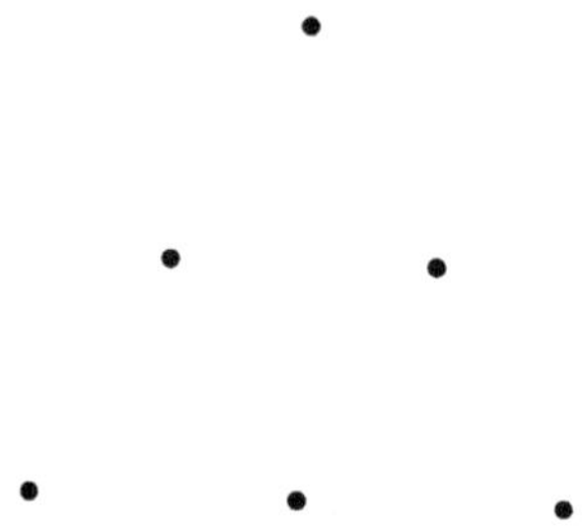

图 14

该模型还可以等价为已知三角形 ABC，在三角形所在平面内找一点 D 使得以 A、B、C、D 为顶点的四边形为平行四边形，那么平行四边形的面积就是三角形面积的两倍，所以"面积翻倍的问题"就是用该模型来解决的。

在"平分面积问题"中，用到三角形中线知识点和平行线间的距离处处相等的知识点，平行线间的距离处处相等的知识点应用，就是《数学》八年级下册（华东师范大学出版社）75 页练习第 2 题这样的数学模型，题目如下。

如图 15，如果 $l_1 // l_2$，那么△ABC 的面积和△DBC 的面积是相等的，你能说出理由吗？你还能在这两条平行线间画出其他与△ABC 的面积相等的三角形吗？

如果学生能在"平分面积问题中"想到该模型，那么问题的思路就有了。顺着这个思路深度思考，问题就迎刃而解了，所以模型观念非常重要。

由此可见模型观念能促进提升学生的思维创新能力，促进学生核心素养的发展，让学生会用数学的思维思考现实世界。

（二）强化问题意识的地位

都说问题是数学的心脏，可见问题意识的重要性，所以在培养学生模型观念的基础

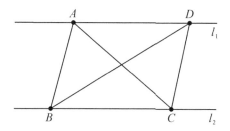

图 15

上还要注重学生问题意识的培养。对于教师提出的每一个问题不仅要求学生要积极思考，而且教师还要引导学生自己提出新问题，让学生在面对题型中的问题时不仅能提出问题，而且还能分析问题进而解决问题，在这样的思考探究过程中，学生的数学思维会得到进一步的发展和提升，更能落实数学核心素养。

教师在实际教学中要注重学生问题意识的培养，这种问题意识的培养可以通过在平时课堂的解题中，教师多向学生提问，引发学生思考来活跃学生的思维，学生思维活跃起来，那想的问题就多了，这样就能在教学中逐渐渗透问题意识；教师还可以以问题为导向，整合数学与其他学科的知识和思想方法，让学生从数学的角度去观察问题、分析问题、解决问题与阐述社会生活中遇到的现实问题，逐步培养学生的问题意识，提高他们发现和提出问题、分析与解决问题的能力，促进"会用数学的眼光观察世界，会用数学的思维思考世界，会用数学的语言表达世界"核心素养的发展。

四、结语

对学生核心素养的培养不是空中建楼，而是要落实到具体的数学教学活动中，要注重真实情景的创设。《义务教育数学课程标准（2022 年版）》强调教师在创设真实情境时，要注重情境的多样化，在教学中教师尽量要让学生接触社会、经济、文化和科学等多个领域的真实情境，培养学生综合运用数学及其他学科的知识与方法发现和解决实际问题的能力，不仅能通过跨学科来促进学生核心素养的发展，还能使学生感受数学在现实世界的广泛应用，体会数学的价值。

参考文献

[1] 中华人民共和国教育部. 义务教育数学课程标准（2022 年版）[M]. 北京：北京师范大学出版社，2022.

[2] 吴晓红，谢海燕. 基于学科核心素养的数学教学课例研究 [M]. 上海：华东师范大学出版社，2019.

［3］潘香凝. 单元整体教学视域下图形的变式与重构：以"平行四边形及其性质"为例［J］. 中学数学教学参考，2024（11）：53－56.

［4］史宁中，曹一鸣. 义务教育数学课程标准（2022 年版）解读［M］. 北京：北京师范大学出版社，2022.

8. 核心素养导向下议题式教学方法的探索与实践

海口市第一中学　杨阳

摘　要：核心素养导向下的议题式教学方法，是一种以提高学生核心素养为核心，以学生真实生活情境中的探究话题为抓手，以结构化的学科知识为支撑和主线的教学方法。通过精选议题构建教学框架、巧设议题创设议题式教学情境、围绕议题深入合作探究，积极探索议题式教学方法，引导学生参与体验，促进感悟与建构。

关键词：道德与法治；核心素养；议题式教学

《义务教育道德与法治课程标准（2022 年版）》（以下简称"新课标"）提出："核心素养是课程育人价值的集中体现，是学生通过课程学习逐步形成的正确价值观、必备品格和关键能力。"道德与法治课程是落实立德树人根本任务的关键课程，是义务教育阶段的思政课，主要围绕政治认同、道德修养、法治观念、健全人格、责任意识等五大核心素养，对学生进行培育。

议题式教学则是通过设计具有开放性、指向性、思辨性、综合性和系列性的议题，引导学生进行深入思考和探究，从而培养他们的核心素养。"新课标"教学建议中特别提出："要积极探索议题式、体验式、项目式等多种教学方法，引导学生参与体验，促进感悟与建构。要采取热点分析、角色扮演、情境体验、模拟活动等方式，引导学生开展自主探究与合作探究，让学生认识社会。"

核心素养导向下的议题式教学方法，是一种以提高学生核心素养为核心，以学生真实生活情境中的探究话题为抓手，以结构化的学科知识为支撑和主线的教学方法。这种方法强调学生在参与、探究、发现、体验、感悟和实践等活动中的主动学习和问题解决能力。本文结合自己的教学实践，谈谈核心素养导向下的议题式教学方法的探索与思考。

一、以核心素养为导向，精选议题构建框架

教学设计能否反映活动型学科课程实施的思路，关键在于确定开展活动的议题。议题式教学是为了实现对相关学习内容的教学而设置的，围绕核心素养的培养目标，精选具有时代性、针对性和实践性的议题，搭建整节课的框架结构，以学生为主体，设计符合学生认知特点和兴趣爱好的教学情境。议题设置太简单，学生会认为"没有讨论的必要"；议题设置难度太大，学生又会"无从下手、不知如何讨论"。无论哪种情况，都难以达到理想的效果。所以，议题的选择和设计应充分考虑确保议题能够激发他们探究的兴趣，并促进他们在实践中提升核心素养。

以核心素养为导向，精选议题构建整节课的框架，有助于提升学生的政治认同、道德修养、法治观念、健全人格、责任意识等方面的能力，为学生的综合发展奠定坚实基础。

以"共筑生命家园"一课为例，从"怎么办"的角度来分析面临人口、资源、环境的严峻形势，我们的态度与选择、行动与策略，即从理念上说要处理好人与自然的关系，从行动上说要走绿色发展道路，从愿景上说要建设生命家园，从而回应本课课题——建设美丽中国。

中学生处于生态文明价值观形成的关键期，他们在人口、资源和环境等方面的认知水平和行为选择能力，需要经过正确引领并促使其转化为建设美丽中国的积极力量。当前，因为家庭教育、学校教育和社会宣传等方面存在缺失或者不力的地方，个别学生在日常生活还存在着浪费资源、破坏环境等生态意识淡薄的行为。加大对中学生资源环境国情教育和生态意识培育的力度，增强青少年对环境的忧患意识，引导学生持续关注生态文明建设，树立人与自然和谐共生的生命共同体意识，践行绿色生活理念，是建设美丽中国、实现中华民族永续发展不可或缺的重要一环，也是促进中学生全面发展和核心素养培育的内在要求。

通过对学情及教材内容的分析，在教学过程中设计了"共筑生命家园"这一总议题，围绕总议题拓展出"坚持人与自然和谐共生""坚持绿色发展道路"两个子议题，通过创设议学活动，引导学生正确理解人与自然的关系，认识到要积极拥护我国节约资源和保护环境的基本国策，践行可持续发展战略，培育学生的政治认同。学生经历从感悟、体验到理性认知的过程，践行促进人与自然和谐共生的道德要求，树立节约资源和保护环境人人有责的责任意识，在生活中勇担环保责任，践行绿色生活理念，从而形成健康文明的生活方式。

二、以核心素养为基础，巧设议题创造情境

无情境，不教学，情境是议题式教学的载体，议题式教学一定要有情境为依托。议题式教学的核心就是真实情境下的问题解决，议学任务的布置是依托具体情境产生的。教师从课堂教学实际出发，通过对议题的引入、情境和问题的创设，组织学生参与到各种活动中来，可以有效激发学生的学习兴趣，实现知识的衔接、理解、应用、迁移，使课堂焕发出生机与活力，在开放性、民主性、趣味性的氛围中培养学生的学科核心素养。

巧设议题创设情境，即以核心素养为基础，巧妙地设计议题，创设符合学生认知特点和兴趣爱好的学习情境。这种情境能引导学生主动思考、积极探究，使他们在解决问题的过程中，不仅增长知识提升技能，更锻炼思维能力和培育价值观念。情境的创设要符合学生的认知规律。我们不能期待学生能够立刻理解深奥的概念和原理，因此，在创设情境时，我们要注意循序渐进，从简单到复杂，从具体到抽象。同时，我们还要注重情境的多样性和趣味性，让学生在轻松愉快的氛围中学习，激发他们的创新思维和想象力。

同样以"共筑生命家园"一课为例，在导入环节，通过视频展示"建设美丽家园"的场景，为学生创设真切的情境体验，引起学生共鸣，激发学生求知和探索的兴趣，引出总议题"共筑生命家园"。在探究新知环节，围绕子议题一——坚持人与自然和谐共生，创设"人类破坏自然及地球向人类敲响警钟"的议题情境，引发"人类对自然界的破坏表现在哪些方面？有哪些危害？人类面对生态危机应作出怎样的智慧选择？"的议学思考，通过展示人类破坏自然及地球向人类敲响警钟的图片，让学生直观认识到人与自然的关系，感受人与自然和谐共生的必要性，通过议题式教学方法引导学生参与体验，促进感悟与建构，同时坚持灌输性与启发性相统一的原则，鼓励学生思考，也注重教师的讲解，水到渠成地得出结论。

三、以核心素养为依托，围绕议题细探究

以核心素养为依托，道德与法治课堂应该注重学生的深度参与和深入探究。核心素养主要包括自主发展、合作参与和创新实践等方面的能力。在道德与法治课堂上，这些素养表现为学生的自主思考能力、团队协作能力以及将道德与法治理念应用于实际问题的能力。学生应围绕相关议题展开探讨，以加强他们对道德与法治理念的理解和实践能力。教师可以根据议题提出一系列问题，引导学生多角度思考，学生也可根据兴趣和能力进行分组，针对问题展开讨论。在讨论过程中，教师应鼓励学生积极发表自己的观

点，同时学会倾听他人的意见，形成有效的合作与沟通。为了支撑自己的观点，学生可以查阅相关书籍、文献或网络资源，搜集与议题相关的资料和信息。通过资料的收集和整理，学生不仅能够丰富自己的知识储备，还能培养信息筛选和整合的能力。经过讨论和资料收集后，学生应尝试形成自己的结论。结论应基于充分的证据和合理的推理，体现对议题的深入理解和全面分析。

在探究过程中，教师应及时给予学生评价和反馈。评价应关注学生在探究过程中的表现，如思考问题的深度、参与讨论的积极性、收集资料的能力等。同时，教师还应针对学生的结论和实践活动给予具体的建议和指导，帮助他们不断完善和提升自己。教会学生如何评价自己的学习成果也是重要一环，有利于培养他们的自我评价和自我调整的能力。

继续以"共筑生命家园"一课为例，在探究新知环节，围绕子议题二——坚持绿色发展道路，设置议题情境"多媒体出示材料：余村的两条致富路（教材第84页探究与分享）"，小组合作探究，开展议学活动"探讨余村的发展之路"，讨论后各小组派代表发言。运用教材中浙江余村这一真实的案例，使学生通过见证乡村的巨变，诠释"绿水青山就是金山银山"的理念，理解建设生态文明不仅要坚持绿色富国、绿色惠民，还需要大力倡导节能、环保、低碳、文明的绿色生产生活方式，帮助学生认识到我们可以处理好经济发展与环境保护的关系，我们选择走绿色发展道路是正确的。以核心素养为依托的道德与法治课堂能够激发学生的学习兴趣和主动性，促使他们围绕议题进行深入探究。同时，案例的选取既立足教材、深入探究教材，也培养了学生关注教材内容、学会用教材学习的能力。这不仅有助于提升学生的道德与法治课程的核心素养，还能培养他们的自主发展、合作参与和创新实践等能力，为他们的全面发展奠定坚实基础。

总之，核心素养导向下的议题式教学方法是一种创新而有效的教学方法，有助于培养学生的核心素养，提升他们的综合素质和能力。在实践中，教师应不断探索和完善这种教学方法，通过巧设议题、创设情境，引导学生在主动学习和实践探究中提升核心素养，以更好地适应时代发展的需要，培养出具有创新思维和实践能力的优秀人才。

参考文献

[1] 中华人民共和国教育部. 义务教育道德与法治课程标准（2022年版）[M]. 北京：北京师范大学出版社，2022.

[2] 李晓东. 义务教育课程标准（2022年版）课例式解读道德与法治 [M]. 北京：教育科学出版社，2022.

[3] 余文森. 核心素养导向的课堂教学 [M]. 上海：上海教育出版社，2017.

[4] 韩震，万俊人. 义务教育道德与法治课程标准（2022年版）解读 [M]. 北京：高等教育出版社，2022.

9. 传承最美乡音　弘扬最浓乡情

——"琼剧进校园"校本课程实践探索

海口市第一中学　林丹丹

摘　要：琼剧是我国的非物质文化遗产，在我国民族传统文化中具有重要地位，但受多元文化冲击，其传承面临着严峻的考验，学校作为民族文化传播的基地，开展琼剧教学是职责所在。本文从琼剧进课堂的现实意义、琼剧进课堂的困境、琼剧进课堂的策略等三个方面，对"琼剧进校园"学习和实践中遇到的一些问题和现象进行了剖析和思考，以期抛砖引玉，为民族文化传承尽一份心力。

关键词：琼剧；音乐教育；实践与探究

琼剧，被赋予"南海珊瑚"的美称，是我国360多个地方戏曲剧种的一枝奇葩，它与其他地方剧种一样，是用诗歌、音乐、舞蹈、美术、民间技艺等多种表现手段综合而成的舞台表演艺术。它是海南悠久历史的见证，是海南璀璨文化的传承，是海南独特的人文风俗和艺术魅力的积淀，更是海南文化最典型的象征和最集中的表达。但进入21世纪后，琼剧与我国其他民族戏剧一样日渐式微。如何保护与传承本土优秀传统文化，已经成为当前社会聚焦的热点，也是教育界关注的重点，更是值得广大教师思考和探索的课题。

近年来，为了让中学生关注琼剧、欣赏琼剧、热爱琼剧，我们进行了"琼剧进校园"实践探索，将海南优秀传统文化引入艺术课堂，开阔学生视野。以下，是笔者对"琼剧进校园"学习和实践中遇到的一些问题和现象的剖析和思考。

一、琼剧进课堂的现实意义

1. 传承地方戏种，弘扬本土文化——基于琼剧传承的需要

琼剧，在2008年入选第二批国家级非物质文化遗产，而后的十几年间，琼剧在海

南省各级政府和社会各界的大力支持下得到了进一步弘扬和发展，但在多元文化的冲击下，琼剧仍面临着下一代观众的断层的困境。著名的艺术家黄孝慈老师曾说过："如今对一些剧种的保护，更多的是注重台上人才的培养，而忽略了台下观众的培养。"可见，观众的培育是文化传承中至关重要的一环，而学校作为民族文化传播的基地，对下一代观众的培育作用是不可替代的，只有在由浅入深、循序渐进的教学过程中，让青少年逐渐接受和喜欢琼剧，才能使琼剧更好地发扬和传承下去。

2. 根植传统文化，筑牢精神根基——基于学生发展的需要

当前，来自东西方的不同思想与文化的交流日益频繁，而学生具有的思想多元化、缺少正确的判断力等特点，导致学生在成长过程中极易受一些不良思想倾向和道德行为的影响。这就需要培养学生形成蕴含中华民族独特精神标识和中华传统美德的核心素养，只有让学生明确"民族的才是世界的"，将传统文化根植于学生的心灵，进而增强学生的民族自尊心、自信心、自豪感，才能有效引导学生抵御社会不良信息和负面现象的影响，这是学生素质发展的重要策略，更是落实立德树人的根本任务。

3. 传承非遗文化，打造学校特色——基于学校特色发展的需要

"千校一面"是当前基础教育的通病，原有的学校课程对不同地区、不同民族的教育对象适应性较差，因此建设特色学校、构建学校特色，是学校未来发展的必经之路。那能否立足于音乐学科的学校特色课程，走出学校特色发展之路呢？《义务教育音乐课程标准（2022年版）》中提出"地方和学校应结合当地人文地理环境和民族文化传统，开发具有地区、民族和学校特色的课程资源"，而琼剧课程资源的开发，则满足了这一要求。

琼剧进校园，依托乡土文化资源，在打造特色校本课程的同时，助推学校特色发展。琼剧校本课程彰显地方特色，传承本土文化，弘扬民族精神，培育有根之人，在构建学校特色课程资源的同时深化教育改革创新，无疑能为学校特色发展添上浓墨重彩的一笔。

二、琼剧进课堂的困境

1. 新旧观念冲击，共情难以唤醒

随着社会生活的日益丰富，中国传统文化受到西方文化的包围与冲击，年轻一代更热衷于强调个性张扬和发展外来文化，导致学生缺乏传统文化常识。试想，学生在毫无传统文化底蕴积累的情况下，如何去理解"万般皆下品，唯有读书高"，"女子无才便是德"等价值观？可当前的琼剧不论是传统剧目，还是新编剧目，都以古装戏为主，主题总体上不脱离"温良恭俭让，仁义礼智信"，"保忠除奸"，"惩恶扬善"，题材不外乎

"才子佳人""英雄救美""状元及第""包公断案"等，这类剧目一定程度上缺乏现代人文关怀，也进一步导致了传统的艺术形式与现代的内容价值观念之间的悖反与冲突难以调和，不易被学生所接受。

2. 方言学习之难，听说学唱之惑

琼剧是用海南话演唱的，但不是所有海南居民都会海南话。海南居民语言种类多，主要使用的有海南话、黎话、临高话、儋州话等十种不同方言，虽说海南居民有 80% 的人使用海南话，但各个市县的海南话语调、口音和习惯俚语都有差异，再加上海南是个移民众多的省份，很多人对海南话的"听"和"说"是不太流畅的。

海南话作为古汉语的活化石，有八个声调，与普通话相比，多出了四个声调，很多海南话的发音，例如徛（海南话读音 hia）、姣（海南话读音 hiao）等字，在普通话里是没有的。任何语言的学习都不是一蹴而就的，因此，在没有系统学习海南话的情况下，很多学生是在既"听不懂"更"不会说"的情况下学习琼剧的，这也是琼剧推广中亟待解决的一大障碍。

三、琼剧进课堂的策略

1. 戏歌激趣导学，巧用媒介启蒙

戏歌是一种新兴的音乐体裁，融合了戏曲与歌曲的双重元素，表现形式更加丰富，这种歌中有戏、戏中有歌的新形式，为我们探究戏曲唱腔的现代化开辟了一条可循的道路。因其融入了流行音乐元素，且较容易学唱，所以更容易引发学生的关注和学习兴趣。因此，在学习琼剧之初，我会利用琼剧戏歌作为琼剧教学的切入点，引导学生从琼剧戏歌的赏析和模唱开始，对学生进行琼剧启蒙教育，逐步引导和培养他们对琼剧的兴趣。

例如《校园的早晨》，是海口市音乐老师结合琼剧《狗衔金钗》选段联合改编的戏歌，作为海口市琼剧进校园的推广歌曲，它有着贴近生活的主题、舒徐流畅的旋律、简单轻快的节奏、朗朗上口的歌词，特别容易带动学生的情绪。歌曲的学习，使学生在潜移默化中初步体验琼剧唱腔，感受琼剧三七板的特点，由旧腔幻化出新歌，让学生建立起"我能唱琼剧"的信心和"我想学琼剧"的兴趣，为进一步学习琼剧打下了良好的基础。

2. 探索学科整合，注重融会贯通

音乐学科是一门艺术性、综合性很强的学科，与其他的人文学科有着千丝万缕的紧密联系，因此，传统的单科教学逐渐难以满足音乐内涵多维度的把握和相关知识深度的挖掘。对于如何进行学科整合，《义务教育音乐课程标准（2011 年版）》中明确指出

"音乐教学的学科综合，包括音乐课程不同教学领域之间的综合；音乐与诗歌、舞蹈、戏剧、影视、美术等不同艺术门类的综合；音乐与艺术之外的其他学科的综合。在教学中，学科综合应突出音乐艺术的特点，通过具体的音乐材料构建起与其他艺术门类及其他学科的有机联系，在综合过程中对不同艺术门类表现形式进行比较，拓展学生艺术视野，深化学生对音乐艺术的理解"。可见，重视不同艺术课程、人文学科之间的融会贯通是当今中小学艺术课程改革的一个趋势。

一堂高质量的琼剧课应当融会贯通多学科知识，如在介绍琼剧行当时，我会融入美术教学，让学生动手画一画琼剧行当的脸谱，做一做琼剧的盔头，俗话说"耳闻之不如目见之，目见之不如足践之"，如此一来，效果更甚于老师放着 PPT 对行当解说个千百遍。对于语言难关，我会融入信息技术，将戏曲台词逐句录音后制成微课发布到各班级群，不受时间和空间的限制，学生可根据自己的需要，利用微课进行自主学习。在欣赏琼剧片段时，我会融入语文教学，引导学生从故事情节、人物性格等多角度多层次鉴赏这些经典剧目，进而理解剧中的人物情感、表达主题等，让各种知识在琼剧课堂上交汇、融合、升华。

3. 重视优生培养，发挥引领作用

19 世纪初的英国，英贝尔和兰卡斯特两位老师开创了一种名为"导生制"的教学组织形式，为英、美两国普及初等教育做出过重大贡献。"导生制"的组织形式为教师上课时先选择一些年龄较大或较优秀的学生进行教学，然后，由这些学生做"导生"，每个"导生"负责把自己所学的内容教给一组学生。

我校作为一所优质初中，其中不乏具备声乐、舞蹈特长的学生，在琼剧教学中，我会组织这部分学生共同备课，声乐特长的学生可分配"唱""念"方面的任务，舞蹈特长的学生可分配"做""打"方面的任务。学生备课的过程亦是知识向技能转化的过程，在这个过程中我会给予相应的引导及点拨、补充与更正。在教学过程中，讲授的"小老师"与台下学生之间会出现质疑与讨论、分析与答疑。在这个过程中，"小老师"会逐步提高分析和钻研的能力，台下的学生会养成勤于思考、勇于提问的学习习惯，这样的教授形式更易产生共鸣，更能碰撞出更多不一样的火花。

长期以来，受制于海南方言与普通话差距较大等方面的影响，多少游人对海南至今仍停留在"海南是生态的绿洲，但又是文化的沙漠"的固有印象上，他们不知海南拥有一项世界级非物质文化遗产、二十八项国家级非物质文化遗产，琼剧作为其中最熠熠生辉的一颗明珠，走进校园、走近学生、走近下一代，是海南"非遗"文化传承的一种探索与创新，是海南"非遗"文化传承的可持续发展的道路，是海南"非遗"文化传承焕发新活力的源泉，更是种下了让世界了解海南文化的希望种子。

一个国家、一个民族的教育不能脱离乡土文化的根，传承与发展需要创新，责任与使命需要激励，乡土情怀与文化自信需要唤醒。琼剧进校园，让浓浓的乡音乡情萦绕你我，在丰富日常课堂教学内容的同时，提高了学生的音乐素养，更让教师在专业化发展的道路上迈上新的台阶。

参考文献

［1］中华人民共和国教育部. 义务教育音乐课程标准［M］. 北京：北京师范大学出版社，2012.

［2］腾星. 乡土知识与文化传承：中国乡土知识传承与校本课程开发研讨会论文集［M］. 北京：民族出版社，2013.

［3］杨璐. 琼剧的传承与发展［J］. 科技风，2015（14）：182.

［4］张慧丽. 传承地方音乐 弘扬民族瑰宝："浦江乱弹"校本课程实践探索［J］. 教学月刊小学版（综合），2013（12）：40－41.

［5］丘迎春. 音乐伴成长 音调难忘怀：乡土音乐融入课堂的几点体会［J］. 考试周刊，2015（57）：190－191.

［6］林晓燕. 乡土音乐进课堂的策略探析：以乳源瑶族自治县为例［J］. 黄河之声，2018（14）：78－79.

第三章 教育教学方法的积极创新

10. 初中化学实施任务驱动教学法探析

海口市第一中学　牛指成

摘　要： 任务驱动教学贯彻了新课程改革的教育思想，能够充分体现学生的自主性和教师在教学中的主导性。在义务教育"双减"政策背景下，通过在初中化学教学中实施任务驱动的手段，课堂结构简洁，重难点突出，教室内有活力，从而潜移默化帮助学生化学核心素养的发展。基于此，本文对任务驱动模式下的初中化学教学措施进行了一番论述，包括任务驱动教学法在实践中的设计方向、推进效果、评价作用。最后总结出以任务驱动为主线的教学理念，梳理出任务驱动教学模式课堂的步骤、环节、作用、特点、误区和改进办法。以期抛砖引玉，共同提高。

关键词： 初中化学；任务驱动；核心素养；教学

引言：任务驱动教学是指教师结合对学生学习目标、学习策略等的了解，给学生提供一个或者一组相互关联的任务，让学生可以结合任务的探索来完成对知识的构建。在初中化学教学中实施任务驱动的手段，可以让学生的知识学习具有探究性、自主性的特点，加深学生对化学知识形成以及作用价值的理解，从而提升教学的效果。

一、精心设计任务，指向能力发展

教师要以核心素养为导向，结合学生学科关键能力的发展来设计任务，从而提升任务驱动教学的质量。教师要深入分析教学内容，聚焦核心知识，结合学生的现有学习水平来设计任务，帮助学生构建化学学科思维和必备能力。

例如在教学"溶解度"这一节内容的过程中，教师要注重让学生从定量的角度来探索饱和溶液、不饱和溶液，使学生正确理解溶质质量分数、溶解度等核心概念之间的联系，学会绘制以及分析溶解度的曲线，让学生最终可以从宏观、微观两个角度来认识溶液，发展学生的微观辨析、宏观辨识、变化观念等素养。因此教师可以从学生化学核心素养的发展需求出发，将学生分成几个小组，让学生去探索如下任务。

任务 1：在常温下，向盛有 20 毫升水的烧杯里面加入 5 克食盐，让溶液全部溶解，之后再加入一定量的食盐，观察还可以加入多少食盐就会产生固体不再溶解的现象。通过这一任务的实施，能够让学生认识到在溶剂量一定的前提下，溶液中溶质的溶解程度是一定的，从而帮助学生从定量的角度来理解饱和溶液、不饱和溶液。

任务 2：重复上面的步骤，将溶质换为硝酸钾。加热烧杯，适当添加硝酸钾，观察发生的现象。借助这一任务的展开，可以让学生意识到温度会影响溶液的饱和状态，并且给学生讲解解决问题的思路，让学生知道如何将饱和溶液变成不饱和溶液。

任务 3：总结饱和溶液、不饱和溶液的概念，指明饱和溶液、不饱和溶液的前提。锻炼学生的归纳总结能力，发展学生的科学思维，让学生在概念描述中进一步体会核心概念的内涵。

通过上述任务的展开，可以让学生的学习自主性得到增强，使学生的实验探究能力、现象分析能力、交流讨论能力等获得提升，并发展学生的微观辨析素养，从而实现对学生核心素养的有效培养。

二、实施学习任务，促进深度思考

任务驱动教学强调以具体的任务背景为依托，并且重视学生之间的交流讨论。因此在设计好了任务之后，教师也要结合对学生学习特点的了解，选择适合的方法来实施任务，让学生可以更好地参与到对任务的探索中来，结合实际情景来解决生活中切实存在的问题。并且教师也要重视对学生的分组，给学生提供一个开放的讨论空间，让学生可以分享自己的真实观点，从而营造良好的课堂互动氛围。

例如在教学"生活中常见的盐"这一节内容的过程中，结合教学内容的特点，教师可以使用多媒体来创设情景，让学生展示制作皮蛋的场景，并且让学生联想到生活中食用皮蛋要蘸醋的场景，思考皮蛋制作过程中发生了哪些反应，从而引起学生的好奇心。在学生被情景所吸引之后，教师再向学生展示具体的任务。

任务 1：找出皮蛋制作中糊状物制作发生的反应。

任务 2：设计实验，验证糊状物中的物质。

通过以真实的情景来引导学生展开具体的任务探索，可以让学生对任务产生更加强烈的探索兴趣，并且获得从单一到丰富的化学思维经历。在学生了解了上述任务之后，教师要注重让学生以交流讨论的方式来完成任务，使学生始终保持积极活跃的课堂学习状态，从而提升任务驱动教学的质量。例如在对任务 2 的探索中，小组内的每个学生可以首先对糊状物中的物质进行猜想，将猜想的内容都写下来，之后再以分工合作的方式来展开实验的设计，最终借助思辨的方式来得到结论，从而促进深度学习。

教师要重视学生在任务驱动教学中的体验，让学生可以获得沉浸式的学习体验，从而保证学生在学习活动中的效益。

三、巧借任务评价，助推素养发展

在任务驱动教学中，教师也要重视对学生的学习评价，让学生可以借助教师给出的评价来修正自己的学习行为，找到更加适合自己的学习方式，并且增强学生的学习成就感。在对学生进行评价时，教师要保证评价内容的合理性，减少"说得真棒""很好"等语言的单独使用，在评价中全面指出学生的优点和不足，真正发挥出教学评价的作用。

例如在教学"酸和碱的中和反应"这一节内容的过程中，教师可以给学生布置借助所学知识，研究处理造纸废水（造纸废水中含有氢氧化钠这一物质）的方案这一任务。在学生借助所学知识完成了任务的探索之后，教师再引导学生去展示自己的学习成果，了解学生是否可以从微观的角度来分析酸和碱的中和反应，此外也要了解学生是否可以从环保的角度来分析造纸技术的发展，从而促进学生科学态度的形成和责任素养的发展。

四、锚定驱动主线，建构教学理念

（一）任务驱动教学法模式

任务驱动教学法是一种以学生为主体、教师为主导的教学方法，其教学过程通常包括以下几个步骤。

1. 导入新课，设置情境

教师通过多媒体等方式展示相关内容，引出本课课题，首先介绍学习目标和任务，从而使学生对本节课的内容产生好奇，清楚知道本节课学习内容和重点，自然导入新课。

2. 分析任务

教师引导学生对任务进行讨论、分析，帮助学生理解任务的具体要求和目标。对于学生通过自主学习可以理解掌握的简单的目标任务，教师不再浪费时间引导学习；对于重难点目标任务，教师则要创设情境或者化学探究实验，驱动课堂在生生互动或师生互动中层层推进。

3. 完成任务

学生利用工具和资源自主探索、互相协作，开展探究活动，尝试完成任务。

4. 检查任务

教师监控学生的学习过程，适时评价、指导，检查学生完成任务的情况，纠正存在的错漏，优化任务成果。

5. 成果展示

学生汇报任务完成的情况，反思自己的学习过程，进行自评和互评，总结经验教训，提高学习效果。

（二）任务驱动教学法的学习基本理论

学习理论强调学生的学习活动必须与任务或问题相关，解决问题，引导和维持学生的兴趣和动机，创造现实的学习环境，为学生提供现实的完成任务的机会。学生教育不仅是知识由外向内的传递和转移，也是学生主动建构自己的知识和经验，通过新经验与原有知识的相互作用来丰富和完善自己的知识，提升技能和增长经验的过程。

（三）任务驱动教学法的重点环节

1. 创设情境：让学生在与真实相同或相似的情境中学习

要让学习更加直观、透明，就需要根据当前的学习主题创设最真实的学习情境，指导学生从正确的"任务"开始学习。清晰直观的图像能够有效地激发学生的联想，使学生提取原有认知结构中的相关信息、经验和表征，能够运用相关知识和经验来获取新知识或适应新知识和发展新技能。

2. 定准问题（任务）

在化学教学过程中，教师选择与当前教学主题密切相关的重点实验或问题（任务）作为主要学习目标，让学生面对需要立即完成的真实任务。

解决问题（完成任务）的过程可以让学生有机会比以前更主动、更完整地激活现有的知识和经验，这是化学学科探究性学习的主要特征。

3. 自主学习和协作学习

教师不会直接告诉学生如何解决他们遇到的问题，而是提供解决问题的适当建议，例如收集所需的信息、材料等，主要是为了提高学生的自主学习的能力。我们还鼓励学生之间进行讨论和信息共享，以便交换不同的观点，以补充、测试和深化针对每个学生当前挑战任务的解决方案。

4. 课堂质量评价

教学效果的评价主要是评估学生完成任务的情况、问题解决过程，以及获得的结果，即评估所学信息的意义和结构。但更重要的是对学生独立学习和合作能力的考核。

（四）任务驱动教学法产生的作用

从学生的角度来看，以任务为导向的方法是有效的。我们从简单的目标任务指向入手，深化化学的理论和实验操作、注意事项、结果和现象分析等学习，极大地提高了学生对化学学科的兴趣，也增强了学生自主学习的能力和大胆前行的勇气。完成这些"任务"后，学生获得一种满足感和成就感，激发了对知识的渴望，避免因片面试图"系统"地记忆化学知识，和"只见树木不见森林"的老旧教学方法而迷失方向。

从教师的角度来看，任务驱动教学法以建构主义学习理论为基础，将传统的注重知识迁移的教学理念转变为注重解决问题的多维、互动的教学理念，为学生提供思考、猜想、发现、创新的空间，使课堂学习过程充满民主、个性、人文，课堂气氛真正活跃。每个学生都利用共享知识和自己独特的经验，根据自己的理解制定学习计划并解决问题。

（五）任务驱动教学法的优点

任务驱动教学法主要特点是"以任务为导向，以教师为主导，以学生为主体"取代以往"老师教、学生听"的被动教学模式，创造了以学生为中心、讲授扎实、学生主动参与、自主协作、实践研究创新的新课程标准教学模式。实践表明，任务驱动的教学方法可以提高学生的学习兴趣，培养学生分析问题、解决问题的能力，培养学生独立学习和协作的能力。

（六）任务驱动教学法的注意事项

1. 注意任务提出的科学性

首先，教师应根据总体课程学习目标定任务，将总目标分解为更小的任务，并利用这些小任务来完成本节课程内容的总体学习任务。

其次，在规划任务时，要结合初中化学特点，研究基础知识和基本技能目标之间的关系。核心内容侧重于知识和技能的培养，而基础内容应围绕"双基目标"且聚焦于技能目标。在化学课上，学生必须记住许多概念。例如相对原子质量、化学方程式等，学生必须学会正确地解释它们并理解它们的含义。初中生已经初步具有化学知识和实验操作经验。所以更高的任务就是培养学生利用化学原理和实验设备独立研究化学性质并应用到现实生活中的能力。

最后，在规划任务时要注意区分所学知识的特点和学生能学到的深度。根据学生不同学习程度和学习目标，设计不同容量、不同梯度的任务。

2. 任务应避免简单化与形式化

任务驱动教学法的任务简单化、形式化的问题，严重影响了该教学法的有效性，需要引起重视。

在一些初中化学课堂上，教师设置的任务仅仅是为了完成教学流程，而没有与学生的实际生活或者化学学科的核心知识体系紧密联系。例如，在探究酸和碱的中和反应实验时，教师直接告诉学生实验步骤、现象以及结论，然后让学生按照既定步骤进行操作，最后回答一些简单的问题，如"酸和碱混合后有什么现象"这种任务没有给学生留出足够的思考空间，学生不需要进行任何探索就能完成任务，无法真正理解酸和碱中和反应的本质。还有部分教师在设计任务时，没有充分考虑教学目标。教学目标是教学活动的方向标，任务应该是实现教学目标的具体手段。但有些任务看似热闹，却偏离了教学目标。比如，在讲解化学方程式的书写时，教师设置了一个小组竞赛任务，看哪个小组在规定时间内写出的化学方程式数量最多。然而，在这个过程中，学生更多地关注速度，而忽略了化学方程式书写的原则、配平的方法等重要知识点，导致虽然完成了任务，却没有达到掌握化学方程式书写这一教学目标。

当任务缺乏实际意义且与教学目标脱节简单化时，学生很难从中体会到学习化学的乐趣和成就感。他们会觉得自己只是在完成一些毫无意义的指令，从而对化学学习产生抵触情绪。长此以往，学生的学习积极性会逐渐降低，影响化学学科的整体学习效果。

另外，形式化的任务不需要学生进行深入的思考和探究。学生在完成这类任务时，只是表面地应付，无法真正锻炼自己的思维能力，如逻辑思维、创新思维等。化学是一门与生活紧密相连的学科，如果任务不能将化学知识融入到实际生活场景中，学生就很难体会到化学的实用性。比如，在讲解酸碱中和反应时，如果只是让学生背诵反应方程式，而没有设置如"如何用化学知识处理被酸雨污染的土壤"这样的任务，学生就难以将酸碱中和反应的知识应用到实际问题的解决中。

3. 教育目标要与良好思维相关联

化学教育不能依赖于学生对化学的理解以及他们进行实验、计算和解决现实问题的能力。作为一门科学学科，它具有关于善良和人性的知识，其教育目标与良好思维的目标相关。基于工作的学习是一种在学习环境中教授学习问题的学习方式。要实现知识、技能和情感的最大限度融合，学习过程必须从具体情境出发并到达具体情境。有效的职业生涯规划不仅要实现若干智力目标，而且要对学生的思想、道德、行为和品格的发展产生积极的影响和进行有效的指导。

（七）需要开展工作的领域

主动学习方法在科学学习中的应用显示出良好的效果，但也存在需要关注和改进的问题。

这门课很难学。课程基于更加开放的教学方式，但这样的"自由"是困难的。有些团队提前完成任务，而另一些团队则仓促完成任务，只"思考"这将如何影响他们的工作。未来，应采取进一步措施确保研究有效且不会降低其有效性。

班级管理有待完善。基于工作的学习和基于探究的课程更加"随时随地"，并允许学生与他人互动。我们需要找到方法来做到这一点，并采取措施减少学生的行为，最好以学生身份加入。

评估问题。教学始终是一项"个人工作"，可以对学生的表现进行监测。然而，在学习过程中，有些学生会因为学习效果不达标的问题，从而导致和教学目标不一致，需要通过"教—学—评"一体化进行量化评价。

综上所述，应用任务型学习可以有效提高学生化学学习质量，在清晰简洁的课堂互动中突出重点和难点，轻松省去做大量作业的麻烦。它可以有效减轻学生的压力，从而制定有效的教学方法，加深学生对化学的理解，提高学生学习活动的参与度和兴趣，最终提高学生的基础能力。因此，教师应增加任务导向教学方法的运用，强化学生的自主学习行为，这有助于有效提高化学教学质量。

参考文献

[1] 谭建龙. 在初中化学深度学习中应用任务驱动教学的策略 [J]. 天天爱科学（教育前沿），2022（10）：108-110.

[2] 陈仁川. 初中化学构建"任务驱动"课堂教学模式 [J]. 数理化解题研究，2021（17）：86-87.

11. 浅谈问题导向在初中语文教学中的有效策略

海口市第一中学 黄文莉

摘 要：随着我国教育体制的不断改革与完善，各个学校也进行了课堂教学模式的改进，初中语文不仅作为一门必修课，而且更是一种语言艺术，在实际教学当中阅读理解的分量也变得越来越大。为了让初中生能更好地阅读课文、分析课文，增强理解能力和发散性思维，问题导向成为初中语文阅读教学中的一种有效的模式，被广大老师所认可和青睐。本文通过对现阶段初中语文阅读教学现状的分析，深入研究了问题导向在初中语文阅读教学中的具体应用。

关键词：问题导向；初中语文；教学策略

在语文教学中，教师会"抛砖引玉"，先把问题这块"砖"抛出来，引得学生来回答，学生想回答问题，注意力就要集中于课堂。这就是问题导向教学法。这种教学方法使学生在课上积极发言，学会自己主动去学习，也使教师更好地教育学生。这种新的教学方法使传统意义上的教学方式发生了改变，从教师掌握课堂的节奏慢慢地变成学生掌握，也能够促进学生全面发展。学生会根据不同的课文向教师提出不同的问题。本文将就此深入探究问题导向法在实际教学中的应用。

一、初中语文教学现状

随着时代的变化和发展，学生综合素养的提升受到了更多关注。但是实际初中语文教学中，学习成绩依然是评价学生的主要标准。这种教学现状与教学目的不符，使教学质量以及学生的学习都受到了一定影响。首先，在语文课堂中，学生的发言、思考以及提问积极性并没有被调动起来，死读书的现象还是存在，这制约了学生的学习效果以及学习深度；其次，教师的提问方式以及提问内容模式化，这与课堂提问的实际意义相背离，课堂提问流于形式，致使效果不明显。

二、初中语文问题导向教学中的误区

初中语文的问题导向教学，从课堂结构安排上要把握整体性和具体性特征，对于实施中的常见教学误区要加以审视。

1. 问题导向≠解决问题

在语文课堂开展问题导向教学，隐性线索是教师通过有序的创造性对话来解决问题。对于课堂中的问题，并非都在于解决疑问，更多的是借助于问题背后的思维启发，来传递相应的知识与技能，让学生能够在已有问题的基础上增强问题意识，发现问题。对于教学中的问题，并非止步于"问题的结论"，教师要从提出问题的过程及解决方法上，从倾听、细节思考来关注学生的情态变化。

2. 简化"教学过程"≠简化"认知过程"

对于课堂教学过程，有学者强调"减负增效"概念，片面追求教学的实用性，而忽视了学生的认知实际。知识的建构建立在有意义的学习上，对于知识、学生的情态及思维训练，不能通过简单的知识传递来灌输。化繁为简是通过对文本的透视与阅读，从精心组织的教学任务中启发学生进行有针对性的训练。

3. 学生的提问≠学生的质疑

问题导向下的初中语文课堂教学，将问题作为课堂组织的线索，鼓励学生增强问题意识。但学生的提问并非就是质疑。质疑属于提问，但质疑并非等价于提问。在学生发问时，教师要尽力引导学生自读自悟，在理解的基础上提出问题，倡导学生在已有知识经验的基础上做出理性的发问。

三、初中语文问题导向教学的有效策略

1. 设疑导学，激趣启思

教师在课前和课中始终把学生的情绪调整到最佳状态，通过语言（口头或肢体）、音像资料、实验操作等方法，迅速点燃学生思维火花，尽快形成问题氛围，使学生"生疑"，同时产生强烈的求知欲望。问题情境创设是教学的重要环节，可激发学生的学习兴趣和求知欲望。教师备课时要依据学情认真分析，提前做好引领和指导预案，从而做到胸有成竹。

如学习《死海不死》一课时，一上课就把一只鸡蛋放入装有淡水的小玻璃缸，鸡蛋沉入水底。然后往玻璃缸中加食盐并搅拌，鸡蛋渐渐浮到水面。"先前沉入水底的鸡蛋为什么能浮出水面？""其中最关键的因素是什么？"接连3个问题让学生非常好奇，由

此导入《死海不死》，有利于激发学生的兴趣，而且有利于接下来学生更好地理解死海的特点。

2. 自主探究，精要点拨

学生依据学案，借助教材和资料等思考问题、解答问题，对知识进行思维加工，将之同化到原有的知识结构中，并顺应新知识，形成新知识网络，通过亲自感知、亲身体验建构知识的学习过程，产生对知识的理解与感悟，从而通过自主学习掌握知识和理论，这是问题导向课堂教学的主要环节。

如在学习《惠崇春江晚景》时，有学生根据课文注释提出令教师出乎意料的问题："河豚快要浮上水面，那不成了死鱼吗？"教师可以把问题抛给学生："这是一首题画诗，它应该紧扣画面内容，那么画面究竟有没有河豚呢？"这一点拨定能引起学生热烈的讨论，从而理解苏轼此首题画诗的匠心所在——它既拓宽了画面的意境，也教给了我们欣赏画面的本领——想象。

3. 交流展示，适时引导

交流展示是合作学习与自主学习的结合。学生自学后，通过生生交流、师生交流以及小组间交流来检查自主探究的效果，教师鼓励学生积极参与、分工合作、资源共享，组间竞争，以提高交流讨论的效果。教师是引导者、组织者、合作者，根据小组反馈和自己收集的信息进行精要讲解，使本节课重难点得到突破。

例如，教师在讲授《范进中举》这篇文章时，可以向学生提出这样的问题："对于范进中举前后丈人和邻居等人态度的变化，同学们有什么看法？"在学生思索一段时间以后，教师可以挑选学生回答，有的学生可能会回答说："丈人与邻居很势利，把身份及官职作为评判人的标准。"有的学生也许会给出不同的看法。对于学生的回答，教师应当给予一定的表扬，并及时纠正和补充学生观点不正确的地方。教师的认可既可以鼓励学生形成自己的思维，又可以激发学生发言的积极性，从而推动学生的学习进步。

4. 鼓励学生质疑

近年来，问题导向法在初中语文中的应用日趋频繁，但多数教师却走进了误区，认为问题导向法就是在上课时自己设计好问题，然后让学生去发现答案。此种做法并不能增强学生的主体意识，在教学中多数学生也没有去认真地思考问题。而且在设计问题时，多数教师只重视教学目标，并没有考虑到学生的看法，导致学生的思维受限，严重影响了教学效果。为了有效地改善此种现状，教师就需要在教学中鼓励学生多表达自己的想法，勇于质疑。只有学生都积极地参与，在合作探究中有所收获，才能有效提升学习水平。

例如在学习《故乡》时，有一段"……母亲说，那豆腐西施的杨二嫂……一起搬回家里去……"此时教师就可引导学生质疑"我"搬家时，"碗碟究竟是谁埋在灰堆里的?"随后可带领学生仔细阅读课文，认真思考问题，学生经过思考后得出了两种结论，第一种观点认为是"杨二嫂埋的"，因为那个时期的杨二嫂性格非常自私，而且爱贪小便宜，想通过"嫁祸别人"获取资本。第二种观点认为是"闰土埋的"，因为闰土选择了碗碟，害怕在搬家的时候碰碎，所以放到了灰里，等到拉草灰时一起拉回去。两种观点都是学生质疑探究的结果，究竟是谁埋的其实并不重要。关键是在讨论的过程中，学生都积极地参与，在合作探究中有所收获，有效提升了学习水平。

5. 归纳建构，反思升华

归纳是学生舒展灵性的空间，是培养学生自主学习、合作学习、探究学习的一个关键环节，是一节课的"点睛之笔"。传统教学中，归纳这个环节基本上是由教师来完成的，其实归纳不应该只是简单地复述一节课的主要内容，而应是学生自我反思的一个极好的机会，这种自我反思的过程是一个思想升华的过程，最终完成对所学知识的意义建构，形成学科思维体系。这个过程是教师不能越俎代庖的，教师应在学生畅所欲言的基础上展示自己的观点，既体现师生教学相长，又引导学生联系社会生活和已有经验，做到学以致用。

综上所述，在语文教学中，问题教学法拥有强大的优势，教师应当以问题为主，通过问题来启发学生的思维，以问题来引导学生的思维，使学生在课堂上集中注意力，主动思考。经过主动探究，学生的创新能力与思维能力都能够得到有效的提升。因此教师应当恰当地运用问题导向教学法，由此提高学生的学习能力与综合素养。

参考文献

[1] 范春霞. 中学语文课堂问题导向的情境创设探析 [J]. 中学语文，2014（9）：52－53.

[2] 孙鹤. 问题导向的初中语文课堂教学浅析 [J]. 内蒙古教育，2017（4）：95－96.

[3] 华松波. 中学语文教学中问题导向策略例谈 [J]. 语文天地，2016（13）：27－29.

[4] 王燕华. 以问题为导向的语文探究教学的反思：以《孔乙己》教学为例 [J]. 现代语文（教学研究版），2016（7）：108－109.

[5] 韩天明. 初中语文教学中的问题与改进方法研究 [J]. 中华少年，2016（32）：108－109.

12. 基于英语学习活动观的小组复述在初中课堂的实践

——以外研版七年级下册的课堂复述活动为例

海口市第一中学　吴海霞

摘　要：新课标强调，英语学习要提升学生的语言和思维能力，发挥学生的学习潜能，促进学生自主学习，传统的机械记忆已然不能达成这样的目标。复述作为新课标中学业质量的第一条标准，在英语学习中有着重要的作用。鉴于此，本文以外研版英语七年级下册的课堂复述活动为例，探索基于英语学习活动观的小组复述的实施，并通过问卷和访谈的形式，了解小组复述策略对学生英语学习效果的影响，旨在为一线初中英语教学提供启示。

关键词：英语学习活动观；小组复述；初中英语

随着全球化和信息化的不断发展，英语作为国际通用语言的重要性日益凸显。在我国的基础教育中，英语作为一门重要的学科，其教学质量和效果一直受到社会各界的广泛关注。然而，传统的英语教学方法往往过于注重语法和词汇的讲解，忽视了学生的主体性和参与性，导致学生的学习兴趣和积极性不高，学习效果也不理想。

近年来，随着教育改革的不断深入，英语教学理念和方法也在不断更新。《义务教育英语课程标准（2022年版）》中提出，践行学思结合、用创为本的英语学习活动观尤为重要。英语学习活动观作为一种新的课程理念，强调以学生为中心，注重学生的主体性和参与性，以及语言知识和技能的融合与发展。

同时，小组复述作为一种有效的教学策略，也受到了越来越多英语教师的青睐。小组复述能够帮助学生巩固所学知识，提高口语表达能力，同时培养学生的合作精神和团队意识。在初中英语课堂中，小组复述的应用能够最大限度地发挥学生的主体性，激发学生的学习兴趣和积极性，提高课堂教学效率和质量。

然而，目前关于英语学习活动观和小组复述在初中英语课堂中的应用研究还不够深入，缺乏系统性和实践性。因此，本研究旨在探讨基于英语学习活动观的小组复述的实践效果，以及如何有效地开展小组复述，为初中英语教师提供一种新的教学策略和参考。

一、英语学习活动观在小组复述中的意义

英语学习活动观的理论基础主要源于教育学、心理学以及语言学等多个学科领域。这一观念为初中英语课堂中的小组复述活动提供了坚实的理论支撑。

首先，从教育学的角度来看，英语学习活动观强调学习者的主体性和参与性。这与建构主义学习理论不谋而合。建构主义认为，学习是一个主动建构知识的过程，学习者通过与环境互动，建构自己的理解和知识体系。在小组复述的活动中，学生不再是被动接受知识的容器，而是成为主动建构知识的主体。他们通过积极参与小组讨论、合作复述等课堂活动，加深对语言知识的理解，提高语言技能。

其次，从心理学的角度来看，英语学习活动观的理论基础还在于认知心理学的研究。认知心理学关注个体如何获取、存储、加工和使用信息。在小组复述的活动中，教师需要充分考虑学生的认知发展水平，设计符合学生认知水平的教学活动。例如，教师可以通过提供适当的语言材料、设置合理的任务难度等方式，激发学生的学习兴趣和积极性，帮助他们更好地理解和掌握知识。

最后，从语言学的角度来看，英语学习活动观的理论基础在于交际语言教学理论。交际语言教学理论强调语言的社会功能和交际功能，认为语言学习的最终目的是能够运用语言进行有效的交际。在小组复述的活动中，学生需要在真实或模拟的交际环境中进行语言实践，通过与其他同学的互动来提高自己的语言表达能力。这种活动形式不仅有助于提高学生的语言技能，还能够培养他们的合作精神和跨文化交际能力。

综上所述，英语学习活动观的理论基础为初中英语课堂中的小组复述活动提供了有力的支持。在实际教学中，教师应根据学生的实际情况和需求，灵活运用这一理念，设计多样化的教学活动，以提高学生的英语综合应用能力。

二、基于英语学习活动观的小组复述案例

《义务教育英语课程标准（2022年版）》中的三级学业质量标准，把复述放在了第三级第一条：能听懂相关主题的语篇，借助关键词句、图片等复述语篇内容。

复述如此重要，笔者以外研版英语教材七年级下册的部分语篇为例，基于英语学习活动观的三个层次（学习理解类、应用实践类、迁移创新类）来开展小组复述活动。在这一探索过程中，笔者结合教学目标和学情，引导学生梳理多种形式的结构化知识，并设计了多样化的小组复述活动。

（一）依据表格进行小组复述

Module 2 "What can you do?" 围绕"询问和谈论彼此的能力"展开。其中，Unit 2 "I can run really fast." 的话题是"竞选班委"。本单元是阅读课，呈现了 Lingling，Daming 和 Tony 三名学生的竞选词，他们讲述了参选的职务和自己的优势，并号召大家选自己。

在读前环节，教师先引导学生讨论："Which monitor would you like to be for your class?"学生说出自己想担任的班干部后，教师再引导学生思考："Why? What do these monitors do?"在激活学生旧知的同时，激发学生的阅读兴趣。

在读中环节，教师引导学生依据以下问题进行层层阅读：Who are running for monitors? What monitors do they want to be? What advantages do they have? What promises do they make? 学生在一遍遍阅读的过程中获取、梳理相关信息，完成表格，最终形成的结构化知识如表 1。

表 1　Module 2 Unit 2 结构化知识梳理

Name	Monitor	Advantage（优势）	Promise（承诺）
Lingling	the class monitor	• get on well with... • work very hard, do well • kind ready to help others	promise to help...
Daming	the PE monitor	• enjoy sport • can run really fast • fit and healthy • play most ball games well	can get the best score too
Tony	the cleaning monitor	• help his mother do cleaning • like a clean and tidy house	can make their classroom beautiful

梳理好相关的信息后，学生概括竞选词包含的内容：要竞选的职务、自己的优势，并号召大家选自己。同时，教师引导学生去深入思考：Why do they want to be monitors? 以引导学生去发现自己的闪光点，鼓励他们用自己的特长来为班级服务，在发挥自己优势的同时也帮助他人。

接着，学生基于表格，进行小组复述，内化所学词汇、句式及结构等。具体操作如下：四人为一个小组，分工合作。前三名同学分别负责复述 Lingling、Daming 和 Tony 的竞选词。而最后一名同学，则站在自己的角度发表竞选词。

前三名同学的复述需要转换角色和人称，这不仅锻炼了学生的语言转换能力，还让他们更加深入地理解了竞选词的内容和演讲者的立场。这三名同学的复述过程，正是英语学习活动观中"应用与实践"层次的体现。他们通过复述，巩固了所学的语言知识，将知识转化为实践中的表达能力，同时也在实践中加深了对知识的理解和记忆。这种实践性的学习方式有助于培养学生的语言运用能力和问题解决能力。

而最后一名同学，则站在自己的角度发表竞选词。他不仅谈到了想竞选的职务和自身的优势，还通过号召大家选自己来展现自己的领导力和号召力。这一环节不仅是对所学语言的运用，更是对所学知识的迁移和创新。学生将所学知识与自身实际相结合，提出了自己的观点和想法，这种创新性的学习方式有助于培养学生的创新思维。

复述完成后，学生依据评价标准进行自评和互评。这些评价标准旨在全面、客观地评估他们的表现，并帮助他们识别自己的优点和不足。评价标准主要包括三个方面。一是内容。是否包含要竞选的职务、个人优势及号召语？二是语言。使用了哪些重点句式？三是呈现。发言是否洪亮、流畅？配合是否默契？表现是否大方得体？

通过自评和互评，学生深入了解自己的表现，发现自己的优点和不足，了解如何改进。这种评价方式不仅有助于提高学生的自我认知和自我管理能力，还能促进学生之间的交流与合作，增强团队凝聚力。

（二）依据思维导图进行小组复述

Module 5 "Shopping" 介绍了"购物"这一与生活息息相关的话题。其中，Unit 2 "You can buy everything on the Internet." 介绍了"网上购物"这一现代化购物方式及其利弊。本单元的阅读语篇首先总体介绍网上购物，然后介绍网上购物的优势和存在的问题，最后谈论网上购物的未来发展。

在读前环节，学生就网上购物说出他们的已知信息以及他们想通过文本所获取到的信息。

在读中环节，学生快速浏览文章，匹配小标题与段落，梳理文章的结构，接着，学生分段阅读，在阅读中联系自己的生活实际，说出有关网上购物的更多优点和缺点，并在了解作者的观点后，也说说自己的观点。

在完成各项阅读任务的过程中，教师和学生共同板书，形成本课的结构化知识。板书如图1所示。

图1 Module 5 Unit 2 板书设计

思维导图式的板书语言精练、重点明确、概括性强，是培养学生思维系统性、逻辑性和严密性的有力工具。学生基于思维导图进行小组复述，既能深化对所学词汇、句式及结构的理解和运用，还能促进知识的内化与整合。

具体复述过程如下：四人为一组，每名学生承担不同的复述任务。其中，第一名学生负责复述 Introduction 部分，简要介绍 Online shopping；第二名学生负责复述 Advantages（优势），列举并阐述网上购物的优点；第三名学生则负责复述 Disadvantages（劣势），分析并指出网上购物存在的问题；第四名学生则基于前面的讨论，表达自己对网上购物的看法。

前三名同学的复述活动，属于英语学习活动观的"应用与实践"层次，他们通过复述来巩固和应用所学知识，锻炼语言表达能力，而最后一名同学谈到了自己的看法，这上升了一个层次，属于"迁移与创新"层次。学生在复述中巩固、运用、内化所学语言，并用所学语言来表达自己的观点和态度。

（三）依据时间轴进行小组复述

Module 9 "Life history" 的话题是"人生经历"。Unit 1 的对话介绍了马克·吐温及其代表作《汤姆·索亚历险记》，其中重点谈论了马克·吐温的生平，包括他的出生年份、出生地、工作经历、旅行经历等。

教师引导学生在听力活动中获取与梳理马克·吐温的生平信息，完成时间轴的填写。

Module 9 Unit 1 时间轴

	went to Europe as well，didn't come to China
in the 1860s	took the name Mark Twain and became very famous
later	got work on a boat and went to New York and other cities
at the age of 12	left school and began work wrote for a newspaper
1835	was born in Missouri

学生基于时间轴进行小组复述活动，复习所学的动词过去式及其他关键词汇和句式，加深对知识的理解和记忆。具体操作如下：六人为一组，第一名学生简单介绍马克·吐温，第二名学生介绍马克·吐温 12 岁的经历，第三名同学讲述马克·吐温后来的职业生涯，第四名学生继续讲述 19 世纪 60 年代的重要事件，第五名学生则分享马

克·吐温的旅行经历。最后，第六名学生说出自己对马克·吐温这位著名作家的看法。

前五名同学的复述体现了英语学习活动观的"应用与实践"层次，学生运用一般过去时来讲述马克·吐温的生平，而最后一名学生提出了自己的观点和见解，进一步升华到"迁移与创新"的层次，这有助于培养学生的批判性思维和创新能力。

课标中提出，以英语学习活动观为指导组织教学，引导学生在探究主题意义的活动中，利用多种工具和手段，如思维导图、信息结构图等，学会在零散的信息和新旧知识之间建立关联，自主建构基于语篇的结构化新知。

结构化知识的呈现形式丰富多样，除了上述提到的表格式、思维导图式、时间轴式，还有鱼骨图式、树形图式等。具体以何种形式呈现结构化知识，教师应根据语篇的体裁、内容、结构、所要体现的主题等来决定。无论使用哪种形式的知识结构，都要以服务课堂教学、帮助学生更好地梳理文本和内化知识为目标。

三、调查结果与讨论

（一）问卷调查

为了从学生角度了解小组复述的效果，以及学生对于这一学习方式的看法和体验，并为以后的教学实践提供改进方法，教师设计了相应的调查问卷。问卷共7道选择题，包括：（1）学生们进行课堂复述的频率如何？（2）课文复述对学生英语语言能力的帮助有哪些？（3）学生复述课文时通常遇到哪些困难？（4）教师在课堂上对课文复述的指导和评价情况如何？（5）课文复述对学生内化与运用所学语言的帮助如何？（6）学生在复述课文后是否会主动回顾并复习相关知识点？（7）学生希望教师在课文复述方面提供哪些帮助或改进？

共107名七年级的学生通过问卷星页面填写了调查问卷。数据分析结果如下。

（1）85.05%的学生每周至少参加一次英语课堂的复述活动，参与度较高。但同时也有7.48%的同学基本没有参与课堂复述。

（2）93.46%的学生认为课文复述能提高他们的口语表达能力，84.11%的学生认为课文复述能加深他们对课文内容的理解，86.92%的学生认为课文复述能帮助他们巩固所学词汇和语法，认为课文复述能帮助培养英语思维习惯的学生也占到了63.55%。由此可见，绝大部分学生认为课文复述对他们的英语学习很有帮助。

（3）学生复述课文时，遇到的最大困难是口语表达不流畅，有53.27%的同学选择了这个选项。此外，有45.79%的同学选择了紧张或害怕出错。因此，教师应在教学中给学生提供更多开口说英语的机会，从而提高学生口语流利度，同时，努力营造轻松、友好的课堂氛围，让学生感到安全和舒适，减少学生的紧张感。

（4）95.33%的学生认为教师在课堂上对课文复述的指导和评价有帮助。

（5）94.40％的学生认为课文复述有助于内化与运用所学语言。

（6）在复述课文后，91.59％的学生会去回顾并复习相关知识点。

（7）至于希望教师在课文复述方面提供哪些帮助或改进，75.70％的学生希望教师提供更多与课文相关的词汇和短语，61.68％的学生希望教师给予更详细的复述指导，46.73％的学生希望教师给予更多鼓励和正面评价。还有学生希望教师能拓展一些课外词汇。因此，教师在接下来的复述任务设计中，应尽可能多地拓展词汇，更细致地指导学生进行复述，并给予学生更多鼓励与肯定。

（二）访谈

教师随机选取了班上的 6 名学生进行访谈，目的在于了解小组复述对学生英语学习的具体影响，以及他们对小组复述优缺点的看法，从而在之后的教学和研究中做出改进。

访谈的内容包括以下几个问题：（1）你喜欢在英语课堂上复述课文吗？（2）你认为小组复述对你的英语学习有帮助吗？如果有，体现在哪些方面？（3）你认为小组复述有哪些不足？如果有，谈谈你的建议和看法。

6 名学生均表示，他们很喜欢在课堂上参与小组复述。他们认为小组复述对他们的英语学习有帮助，主要体现在以下几个方面：（1）提高了口语表达能力；（2）加深了课文印象，对课堂所学的句式也更加熟悉了；（3）加强了与他人合作的能力；（4）增加了上台发言的勇气。有同学提到，复述所带来的成功和愉悦让他感受到了学英语的乐趣，也让他更有信心学好英语。

至于不足之处，有学生指出，在复述中，有个别同学没有参与进来，主要是因为这部分同学的英语水平较低。因此，接下来教师在设计复述任务时，应充分考虑学生的英语水平差异，设计不同梯度的复述任务。此外，教师在活动过程中应给予水平较低的学生更多的关注和鼓励。

四、结语

本文探讨了基于英语学习活动观的小组复述在初中英语课堂的应用，通过实践验证，这一教学方法不仅提高了学生的口语表达能力和自信心，还促进了学生间的合作与交流。小组复述活动为学生创造了一个积极、互动的学习环境，让他们在参与中体验成功，从而激发了他们的学习兴趣和动力。

但同时，教师应设计多样化的复述任务，激发学生的学习兴趣，确保不同水平的学生在复述时都能有事可做，在自己原有的英语水平上有所突破。此外，教师在活动过程中应给予水平较低的学生更多的关注和鼓励，多给予正面反馈，肯定他们的努力和进步，同时提供必要的帮助和指导。

展望未来，期待有更多的教育工作者能够重视并应用这一教学策略，共同推动初中英语教育的改革与发展。也希望学生能够运用小组复述的策略不断提升自己的英语核心素养，为未来的学习和生活打下坚实的基础。

参考文献

［1］中华人民共和国教育部. 义务教育英语课程标准［M］. 北京：北京师范大学出版社，2022.

［2］高瑛. 初中英语教学中复述策略的运用撷谈［J］. 成才之路，2023（30）：105 - 108.

［3］张蓉蓉. 复述在高中英语阅读教学中的应用研究［D］. 重庆：重庆师范大学，2019.

［4］温艳. 多彩复述绚丽课堂：如何提高初中学生英语语篇复述能力［J］. 文理导航（上旬），2017（3）：22 - 23.

［5］陈敏. 复述教学法在初中英语阅读教学中的应用［J］. 校园英语，2017（41）：222.

13. 初中历史专题复习课中大单元教学的应用

——以初中历史专题复习课"中外改革"为例

海口市第一中学　韩燕

摘　要：大单元教学有助于培养学生的历史核心素养。本文以初三历史复习课"中外改革"为例，围绕着大单元教学应用下的复习课如何确定教学目标、如何落实"整个课程内容的核心观点—单元内容主旨—课的内容主旨"进行实践探索。从"教教材"走向"用教材"，进而落实核心素养，为初中历史复习课提供实践经验和参考。

关键词：大单元教学；初中历史复习课；改革史

所谓大单元就是依照教育部的课程标准或者课程大纲，围绕学科主题、专题、话题、问题以及活动等来选定所需要的学习素材，并对其进行结构化组织的学习单元。它不仅是指向学科内容系统的结构，更涵盖了影响学生最终发展的价值观、能力与必备素质等。因此，在体现历史学科核心价值观的基础上，运用大单元教学理念，我们将单元作为一个课程整体框架进行把握，可以划分为大（几册教材、一册教材、古今对比主线史实、中外对比主线史实）、中（某个阶段、某类主线史实）、小（常规单元、一节课、某个知识点等）单元。初三的历史复习课既要强调知识学习的内容，更要注重学生课程学习经历的过程和方法，必须从学生学习的视角、规律和效果出发，反观教师"教与导"的路径，方法和策略的科学性和有效性。那么，如何将大单元教学与初三历史复习课有效地融合？以人教版的初三复习课"中外改革"为例加以探索。

一、明确教学目标——系统梳理改革史实，进行知识分析

参考已经出台的《义务教育历史课程标准（2022年版）》，其中课程设立的目标，即通过义务教育阶段历史课程的教学，使学生能够"理解历史上的革命与改革

在不同程度上促进了社会的进步"。广义的改革是指存在于一切社会中的普遍社会实践活动，是对生产关系和上层建筑进行的调整和变革，包括革命。狭义的改革，一是"微调"；二是集中的、全面的革命性变革，集中解决体制转轨或者社会转型问题。

对上述报告进行梳理和分析（图1、图2），我确定的教学目标如下。

（1）知道商鞅变法、改革开放等一个个历史事件的概况，懂得改革的要素构成、具体内容、作用与价值。

（2）通过对古今中外关于改革方式的归纳与比较，找到史实之间重要或主体特征的相似之处和不同。如中国古代史上的商鞅变法和孝文帝的改革，世界历史历程中出现的彼得一世的改革、亚历山大二世的改革和"罗斯福新政"，他们的改革都是发现、提出并解决（或有突破性进展）了特定时空下国家、民族或社会的重大问题，并促进了历史的发展。

（3）从经济状况、政治形态、时代特征的视角分析改革成败的因素，大多数的改革会推动历史进步，但有的改革反而招致内乱。

（4）认识到改革创新是推进社会发展的强大驱动力，是破除社会矛盾的最好方式。改革家在改革中起重要作用，改革家的实践方式和解决问题的能力会直接影响改革的结果，改革结果的成功或失败，会促进社会发展或招致内乱冲突。激发学生关注社会，关注生活，去发现、提出并解决能促进社会发展的重要问题。

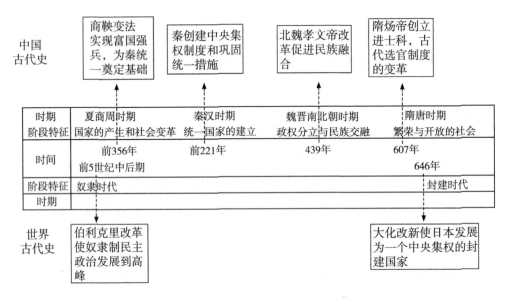

图1 初中历史课标关于改革史实内容建表（一）

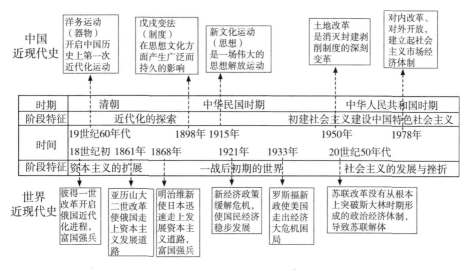

图2　初中历史课标关于改革史实内容建表（二）

二、进行大单元教学设计——整体设计初中"中外改革"单元

表1　"中外改革"教学设计表

学段	板块	历史阶段	具体内容	与大单元主旨的关系
七年级上册	一、中国古代史	夏商周时期	通过商鞅变法，认识改革使秦国逐渐强大起来	在奴隶社会向封建社会转化的背景下，通过讲述商鞅变法的内容、改革家的品质，了解变法实现了富国强兵，为秦统一奠定了基础。初步了解评价改革成功的标准
		秦国时期	知道秦始皇和秦统一中国，了解秦代的中央集权制度和统一措施对中国历史发展的影响	通过讲解秦巩固统一的措施，掌握秦朝建立了我国第一个统一的中央集权的多民族封建国家的知识，从而理解秦代的中央集权制度和统一措施是秦始皇作为历史改革家在制度上的创新
		三国两晋南北朝时期	通过北魏孝文帝改革，初步理解民族融合对中华民族发展的意义	以符坚改革和北魏孝文帝改革为切入点，凸显民族交融的意义：各民族的改革共同汇成民族交融的历史洪流，各民族共同缔造中国历史，从而进一步认识中华民族多元一体格局
七年级下册		隋唐时期	了解科举取士制度的创建	隋朝再次实现大一统，需要更多的官员。隋文帝和隋炀帝创立科举制，改革了选官制度，其逐渐成为后世选拔官员的主要途径，扩大了统治的范围，坚固了基础

续表

学段	板块	历史阶段	具体内容	与大单元主旨的关系
八年级上册	二、中国近代史		了解洋务派为"自强""求富"而创办的主要军事工业和民用工业，初步认识洋务运动的作用和局限性	19世纪中期，英、法等西方列强接连发动了侵华战争，中国的主权独立和领土完整不断遭到破坏，西方列强与中华民族的矛盾激化，中国人民在艰苦的环境中不断进行着经济、政治、思想文化和教育层面的变革。从器物层面的洋务运动、制度层面的维新变法和辛亥革命、思想文化层面的新文化运动进行着近代化的探索
			知道康有为、梁启超等维新派代表，了解"百日维新"的主要史实	
			以京师大学堂的开办和科举制度的废除为例，了解近代新式教育发展的主要史实	
八年级下册			了解武昌起义和中华民国成立的史实，认识辛亥革命的历史意义	
			知道陈独秀、胡适、鲁迅等新文化运动的代表人物，了解新文化运动在中国近代思想解放运动中的地位和作用	

续表

学段	板块	历史阶段	具体内容	与大单元主旨的关系
八年级下册	三、中国现代史		了解 1950 年的土地改革运动	中华人民共和国成立初期，中国共产党领导开展的土地改革运动，是对土地制度的改革，土地改革运动镇压反革命运动，抗美援朝战争巩固了人民民主专政的国家政权，恢复了遭受多年战乱破坏的国民经济，为社会主义工业化奠定了基础
			了解中共十一届三中全会农村改革和深圳特区的发展，认识邓小平对改革开放所起的重要作用	讲述十一届三中全会以来，中国经济体制改革、对外开放的历程及中国特色社会主义的发展情况；中共十一届三中全会的召开，开启了中国改革开放和社会主义现代化建设的历史新时期。中国的经济体制改革从农村起步，发展到城市，最终建立了社会主义市场经济体制；对外开放不断发展，逐渐形成了"经济特区—沿海开放城市—沿海经济开放区—内地"的全方位、多层次、宽领域的对外开放格局。在改革开放实践中，中国开辟了中国特色社会主义道路，形成了中国特色社会主义理论体系，确立了中国特色社会主义制度，发展了中国特色社会主义文化，中国特色社会主义不断发展，取得了巨大成就，综合国力不断提升，人民生活水平日益提高
			了解社会主义市场经济体制的建立与完善，认识改革对于中国发展的重大意义	
			知道中国共产党第十六次全国代表大会以来，我国取得的新成就	
			认识中国特色社会主义理论体系的重要性，认识中国坚持科学发展、实现社会和谐的重要性	
九年级上册	四、世界古代史		知道大化改新，初步了解古代日本社会	6 世纪中叶，奴隶制度向封建制度转型，当时日本的部民阶级反抗斗争扩大，统治阶级内部争夺土地与权力的斗争不断，孝德天皇进行改革：政治上，加强中央集权统治；经济上，推行"班田收授法"。改革加速了日本社会性质从奴隶社会到封建社会的转变

续表

学段	板块	历史阶段	具体内容	与大单元主旨的关系
九年级上册	五、世界近代史		知道彼得一世改革、亚历山大二世废除农奴制,理解改革促进了俄国历史的进步	为改变社会经济发展大大落后于西欧国家的状况,彼得一世开启了俄国近代化的进程,亚历山大二世农奴制改革进一步促进了俄国的现代化进程,完成了社会性质从封建社会到资本主义社会的转变。认识符合历史潮流和社会发展的实际需求的改革,是推动社会发展的强劲动力
			知道明治维新的主要政策,理解明治维新在日本历史发展中的作用	面对民族和社会危机,倒幕运动后,明治天皇推行明治维新:政治上,加强中央集权;经济文化上,向西方学习。实现富国强兵,完成了社会性质变革,从封建社会进入资本主义社会
九年级下册	六、世界现代史		从新经济政策、社会主义工业化和农业集体化,了解苏联社会主义建设的成就和主要问题	为恢复和发展生产,列宁以征收粮食税代替余粮收集制,突出市场作用,调动生产者的积极性
			知道经济大危机,了解罗斯福新政,理解国家千种政策对西方经济发展的影响	为摆脱经济危机,罗斯福采取国家干预经济的举措,成效明显,避免了美国走上法西斯的道路,同时恢复了人们对美国国家制度的信心,但改革未能解决资本主义制度的根本矛盾
			知道苏联模式社会主义的推广,了解苏联的改革与变化,以及苏联解体和东欧剧变	社会主义从一国发展到多国,社会主义国家的建设在改革中曲折前进,赫鲁晓夫、勃列日涅夫、戈尔巴乔夫改革失败,导致苏联解体

从学生的已有认知出发,以史实的重组—概念的理解—概念的形成为线索,将复习设计为三个课时。

第一课时:学生以小组合作的形式自主重组改革史实,感知一个个具体的改革历史事件,理解它们发生的原因、内容及作用,并在此过程中,形成各自的史实知识结构,为形成改革这一核心概念奠定基础。

第二课时:引领学生进一步深入理解改革,通过"中国的改革开放"一课,师生共同探究下列改革问题。

问题1:中国为什么要进行改革开放?

问题 2：中国怎样进行改革开放？

问题 3：中国的改革开放取得了哪些成就？能够取得这些成就的原因有哪些？

问题 4：从中国的改革开放看，改革的要素有哪些？

第三课时：学生充分运用改革基础性要素来解决改革之因（其中包括生产力的提高，生产关系也进行了相应的调整；缓解内外部危机；富国强兵）、改革者品质（顺应时代历史潮流，勇于创新、坚强不屈的人格和意志，对于社会有着深厚的责任心）、改革进程（其中包括明确了改革的方向；确定了改革步伐；思想指导先导扎实推动；推动和实施改革：尊重法律规范、协调发展、保障民生）、改革的影响（其中包括经济制度变化；富国强兵的重要方法；落后民族自强御侮的选择；思想解放的一个重要形式）等问题，在运用所学知识解决同类历史问题中，加深对改革内涵的认识。学生通过"改革"历史现象的学习，主动关注社会，关注生活，投身于发现、提出并解决能促进社会发展的重要问题，努力把自己打造成有利于国家和社会发展的人才。

三、实施重要环节展示——授学生以"渔"，奠定终身学习基础

（一）从史实到现象

【探究历史现象——改革的原因】（"中外改革"复习课教学设计环节）

表 2 "中外改革"复习课教学设计表

改革名称	改革背景
商鞅变法	经济上，铁犁牛耕的出现和推广，使社会生产力得到提高 政治上，随着封建经济的发展，出现了新兴的地主阶级和自耕农阶层 军事上，春秋时期以争霸为主，战国时期以兼并为主，各诸侯国都争相增强国力 变化上，出现"百家争鸣"的局面，法家思想成为各诸侯国进行变法的指导思想
1861 年俄国农奴制改革	劳动力短缺，阻碍俄国资本主义经济发展，引发阶级矛盾及社会危机 俄国工业发展水平远远落后于西欧其他主要国家
明治维新	天皇名义上是国家的最高统治者，但没有实权 推行锁国政策 美国黑船事件后签订《日美亲善条约》，给予领事裁判权、片面最惠国待遇等
戊戌变法	《马关条约》的签订与民族危机的加深 清政府的统治危机，帝国主义瓜分中国的狂潮，清政府要偿还外债，将沉重的负担转嫁到人民身上，各地连续发生严重的洪涝灾害，使阶级矛盾和社会矛盾更加激化，统治危机进一步加剧 中国民族资本主义的初步发展

学生根据四个改革背景的论述，归纳中外历史上可能会因为哪些原因而改革。

【设计意图】引导学生通过改革背景归类，寻找相似点，发现中外历史改革发生的三类原因：（1）旧的生产关系阻碍了生产力的发展（根本）；（2）新兴阶级的产生；（3）统治面临危机（内外）。

掌握对历史解释的概念和方法，充分运用现代历史唯物主义，从生产力与社会生产关系的基本性质关系中找寻其根本原因，从内因与外因的基本性质关系中去探索史实之间的相互关联，从社会生产力的存在和其他社会意识之间的关系中去分析历史问题：一定历史时期的人们的社会生产力意识（包括文学、宗教、艺术、哲学、法治思想等）都被认为是一定历史时期对经济、政治的反映；从国家（政权）层面分析国际关系等。

（二）从知识到素养

"中外改革"复习课教学设计环节。

【设计意图】用历史要素分析法分析改革这一历史现象（图3），分析改革的（1）要素构成，即分析改革的维度有哪些？（2）具体内容，即改革的各项要素具体是什么？（3）作用与价值，即决定改革成败的要素有哪些？哪些要素会推动历史的进步？

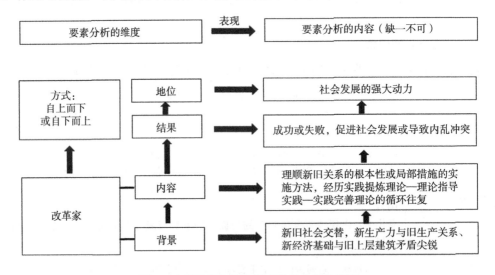

图3　改革要素分析的维度及其内容示意图

在对改革要素进行分析的基础上，学生们对于改革有了如下进一步的认识：我国改革大多数都发生于一个变革性的时代，是新旧社会的交替，为顺应时代发展潮流，进行自上而下或自下而上的变革，试图找到理顺新旧关系的根本性或局部措施的实施方法，往往经历实践提炼理论—理论指导实践—实践完善理论的循环往复。学生有此认同：改革是促进社会进步的最佳方式，改革家有力促进了人类历史的发展进程。

四、结语

当下，随着课程改革的深化，学校的课程建设及其教师的教学风格，成为打造学校文化品牌的一项重要内容。因此，大单元教学富有特色甚至是创意地把握和处理好课程的内容，可以将其作为基础性课程校本化的重要工作内容。大单元的教学要求教师能够整体把握整个课程内容、单元与课程内容之间、单元与课的内容之间，甚至是课与课的内容之间的相互联系。笔者以初三历史复习课"中外改革"为例，围绕着大单元教学应用下的复习课如何确定教学目标、如何落实"整个课程内容的核心观点—单元内容主旨—课的内容主旨"进行实践探索。从"教教材"走向"用教材"，进而落实核心素养。大胆整合教材，切除无关宏旨的枝节，力求做到教学有中心、有核心，突破初中历史复习课中眉毛胡子一把抓的困顿，希望此案例能为初中历史复习课提供实践经验和参考。

参考文献

[1] 中华人民共和国教育部. 义务教育历史课程标准（2022年版）[S]. 北京：北京师范大学出版社，2022.

[2] 威金斯，麦克泰格. 理解为先模式：单元教学设计指南（一）[M]. 盛群力，沈祖芸，柳丰，等译. 福州：福建教育出版社，2018.

[3] 伍德. 基于问题导向的互动式、启发式与探究式课堂教学法 [M]. 刘卓，耿长昊，译. 北京：中国青年出版社，2019.

[4] 顿继安，季苹. 多维目标单元教学：设计与实施 [M]. 北京：北京师范大学出版社，2020.

[5] 於以传. 中学历史单元教学关键环节例说 [M]. 上海：华东师范大学出版社，2019.

[6] 威金斯，麦克泰格. 追求理解的教学设计 [M]. 闫寒冰，宋雪莲，赖平，译. 2版. 上海：华东师范大学出版社，2017.

14. 基于学科"大概念"运用与实践的初中数学教学

海口市第一中学　丁玉耀

　　摘　要：全面实施新课改，要求教学以发展学生综合能力为基础，培养学生核心素养为目标。推进课改进程、丰富教学模式、培养学生的综合能力和素养，成为教师教学过程中遇到的主要难题。学科"大概念"的运用与实践为解决这一困境提出了新思路。学科"大概念"就是对学科知识内容的构建、问题设计、实际应用等进行细化整合，通过对课程、教师、学生进行分析，设计单元统一整合。本文以初中数学为例，探索学科"大概念"在数学教学中的运用和实践。

　　关键词：学科"大概念"；初中数学；核心素养；教学策略

　　在全面实施新课改的背景下，初中数学教学虽然取得了很大成绩，但是也存在很多问题。比如部分数学教师没有深入理解新教改的理念，而是盲目跟风，不根据实际情况制定科学合理的教学计划和教学设计，搞本本主义，忽视对学生的训练和数学素养的培养。部分数学教师没有针对学情构建符合初中数学知识的规律概念，知识构建缺乏整体认知，导致学生对知识掌握得不够牢固，课堂效率下降。数学知识没有应用到实际生活当中、没有做到"大概念"与学科的融合。设计有趣、有用、有效的数学思维问题、学科"大概念"的实践与运用等有利于解决这一困境。

一、学科"大概念"的内涵

　　"大概念"在教育教学领域的运用对促进我国教育教学改革提供了新的视角，成为新教改的重要手段之一，推动着教育教学改革的发展。学科"大概念"是更高层次的理念，建立了新的知识与实际问题、学科与学科、整体与单元、教师与学生之间的关系，是数学科目学习的中心，对当前的教育教学能起到比较积极的作用。

　　学科"大概念"在学科学习里具有单元整体性的特质。它能直接帮助学生把已有知识与新知识进行整合，构建起一个立体的知识结构，还能够帮助学生将知识迁移，运用到生活当中解决实际问题。简单来说，学科"大概念"就是不断帮助学生持续地、整体地构建知识体系，能够将以往无序的学科知识进行整合。例如初中数学学科中"一元一次方程至二元一次方程至一元二次方程至二元二次方程"的教学，就是用单元整合统一的方式进行划分学习，进而构建起数学强有力的知识结构。

整体大于部分之和。"大概念"就像一个庞大的蜘蛛网，其关系横纵交织，又相互联系。在学科教育教学中，学科"大概念"具有对知识的概括性、知识点的整合性等特点。它是从横向到纵向、从低到高、从单一到整体、横跨学科的"大概念"。在教学过程中，将分册教材或初中学段视为整体，把教学内容打碎重组，形成新的单元，重新构建完整的知识结构。

二、学科"大概念"与核心素养

普适性、核心性是学科"大概念"最为显著的两大特点。例如在数学教学中，它将零星琐碎的知识进行整合，然后以教学活动为基础，帮助学生构建单元学习体系，激发学生学习数学的积极性，培养学生的逻辑思维能力，促进学生数学学科核心素养的养成，使学生的数学知识积累呈爆发式增长。

同时，学科"大概念"在数学学科中的运用，有利于学生能力的培养。例如在"有理数"的学习中，学科大概念将有关"数"的知识进行整合，构建出"数"的知识结构，学生在这一学习过程中，有力地培养了空间想象能力和逻辑思维能力。在"解一元一次方程"的学习中，学生将已学知识进行迁移，解决生活中的实际问题，提高了解决问题的能力。这些都是核心素养的主要发展方向。因此学科"大概念"在一定程度上可以促进核心素养的养成。

三、学科"大概念"在初中数学中的运用和实践策略

1. 构建符合初中数学规律的概念体系

在初中数学教学中，构建概念体系是非常重要的。构建概念对于初中数学来说不仅仅是指对课程内容、知识点的划分，更是对数学思维进行更加深层次的划分。学科"大概念"下的初中数学科目的构建，是把数学教材作为一个整体，然后细化每一个知识结构，将相同的、零碎的知识进行合并，构建成一个清晰明了的知识体系，这对学生知识整体认知是非常有利的。这里的整体认知并不是对数学学科某一单元的整体知识结构，而是对于某一知识、一部分知识进行全面的、细致的思考。在这一过程中，要求教师对

初中数学知识的结构有清楚、全面的认知，积极探索数学知识规律，建立完整的知识体系。例如在七年级上册的第二章"有理数"的学习中，教师可以与学生一起梳理知识体系，帮助学生建立起实数与无理数之间的关系，以及数与数之间的横向结构，以此达到数学知识的规律性构建。

2. 树立数学单元统一整合理念

数学学科"大概念"的运用和实践的前提就是进行单元知识整合，这也是数学教学活动的关键所在。统一整合理念应以数学的核心要素、知识重难点、课程标准三点为依托，制订教学计划，实现从微观数学到宏观"大概念"数学的转变，保证"大概念"数学的目标计划与教学内容一致，实现单元整合与学科知识观念相衔接。初中数学相比小学数学上升了一个层次，主要是空间以及数量的增加。例如，根据方程式、一次函数、二次函数、反比例函数等知识从简至难进行整合，使知识的学习呈现上升趋势，有利于学生形成完整的知识体系。

在授课过程中，对于知识结构相同或类似的教学内容，教师可采用单元概念法进行教学，教师对教学内容进行合理划分，对知识点进行细化，帮助学生加强对知识联系的理解，并构建完整的知识体系，进一步反映学科"大概念"的整合性特点。

3. 运用"大概念"解决生活实际问题

运用数学知识来解决生活实际问题是数学教学的重点。在学科"大概念"运用和实践的理念下，要进一步拓展数学的迁移方法，在学生对数学已有的理解基础上，对其进行迁移和整合，促进学生进一步发展数学观念。初中数学教学内容以培养学生逻辑思维能力为主，例如逻辑推理、数学建模问题、图形关系等。在教学过程中教师将知识按从部分到整体、从现象到本质等逻辑关系来迁移。

【例1】图1是轮滑场地的截面示意图，平台 AB 距 x 轴（水平）18 米，与 y 轴交于点 B，与滑道 $y=\dfrac{k}{x}$（$x\geqslant 1$）交于点 A，且 $AB=1$ 米. 运动员（看成点）在 BA 方向获得速度 v 米/秒后，从 A 处向右下飞向滑道，点 M 是下落路线的某位置，忽略空气阻力，实验表明：M、A 的竖直距离 h（米）与飞出时间 t（秒）的平方成正比，且 $t=1$ 时，$h=5$，M、A 的水平距离是 vt 米.

（1）求 k，并用 t 表示 h；

（2）设 $v=5$，用 t 表示点 M 的横坐标 x 和纵坐标 y，并求 y 与 x 的关系式（不写 x 的取值范围）及 $y=13$ 时运动员与正下方滑道的竖直距离；

（3）若运动员甲、乙同时从 A 处飞出，速度分别是 5 米/秒、v_Z 米/秒，当甲距 x 轴 1.8 米，且乙位于甲右侧超过 4.5 米的位置时，直接写出 t 的值及 v_Z 的范围.

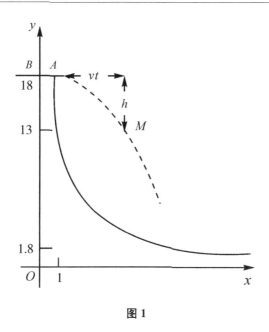

图 1

数学中的函数方程就是为解决生活中具体的实际问题而提出的，建立函数方程、不等式，进而求出结果，形成了数学知识对实际问题的迁移。

4. 跨学科融合的运用与实践

初中阶段与小学有所不同，知识比小学层次要高一些，甚至有一些需要与其他学科整合的知识问题。因此，在教学过程中，需要"大概念"教学理念的参与，对问题进行研究，并对其进行融合，帮助学生形成空间变换的思想，在实践中感受数学的实用性。例如在学习"相似图形"一课时，学生可以根据相似变换制作视力检查表，了解眼睛能看到物体，是通过眼睛晶体的凹凸镜原理加上大脑的处理得到影像，并探究眼睛近视可以通过什么方法矫正。统计班级学生眼睛近视情况，做好数学统计，并提出自己对于保护眼睛的措施。在这一过程中，将物理知识与数学知识相融合，学生统计数据的能力得到培养和提高，跨学科融合知识的能力和素养得到培养。

5. 设计有效的数学思维问题

在数学教育教学中，经常会出现一些迷惑问题，在"大概念"的引导下，对于知识的产生要结合"大概念"的特点，围绕知识的整体结构进行，能够对数学知识进行整合、融合、分解。加强单元知识的整合，构建完整的知识结构，学生在学习数学时更能掌握重点，使已有知识和新学知识融会贯通，促进思维感知力的发展。例如在教学"锐角三角函数"时，教材是从直角三角函数的概念，逐步引导至锐角三角函数的概念。在学科"大概念"理念的引导下，就会这样设计问题，在直角三角形中，锐角的对边、邻边及斜边，如果两边的比值确定，直接总结出锐角三角函数的概念。这样设计问题，学生在思考时思维更加开阔。

6. 构建完整的初中数学知识体系

在初中数学教学过程中，教师通过对"大概念"教学模式的运用和实践，为学生构建完整的初中数学知识体系奠定了良好的基础，也能够使学生更好地建立数学思维，让学生能够真正将数学知识应用到日常生活中，并解决日常生活中遇到的数学问题。众所周知，初中数学是高中数学的基础，也是学生学习高中数学的奠基石。因此，教师在"大概念"教学模式应用过程中，在构建数学知识体系时让学生能够了解一部分更高层次学习的基础内容。注重中考与高考的衔接，将"大概念"理念与高中模块教学进行初步的联系，如：为学生布置一些能够引发数学思考的课后作业或任务。

【例 2】想测量人民公园中西湖两端点 A、B 间的距离. 请你运用所学知识，只用卷尺作为测量工具，试设计一种可行的测量方案.

激发学生对更高层次数学知识学习的欲望，潜移默化地帮助学生构建出完整的数学知识体系和数学思维体系，为学生更高层次的数学学习奠定良好基础。

7. 体现多元化的课堂评价

课堂评价是评价课堂教学是否达到设计目标的一种评判形式。教学评价有利于教师及时调整教学目标、根据实际情况适时调整教学活动，从而提高数学课堂的教学效率。课堂评价要双向多元化，既要体现对教师的评价，也要体现对学生的评价。主要体现在对教师教学目标、教学手段、教学进度等方面，以及对学生课程兴趣、课堂效率、课堂的参与度、学生能力的培养等方面进行评价。这种双向的评价手段有利于促进教师对教学方式的创新，促进学生进行自我评价和反思。所以，双向多元化的课堂评价是非常有必要的。

总而言之，学科"大概念"运用和实践有利于实现新课改核心素养的培养。在初中数学中，对知识进行整体的结构构建，以单元统一整合为目标，对知识进行细化整合，有利于推进初中数学教育教学的发展。教师要在这一背景下积极引导改革，在教学中不断创新探索，进一步发展"大概念"理论，加强运用和实践。使学科"大概念"能够成功地运用到学科教学当中，使其成为改革有效的手段之一，解决新课改面临的困境，进一步推动新课程改革的进程。

参考文献

[1] 张亚芹. 基于大数据的初中数学智慧学习系统模型研究 [J]. 数学教学通讯，2020 (5)：3-4.

[2] 叶翠桃. 数学抽象：从传统到现代的探究：基于初中数学教学的视角 [J]. 数学教学通讯，2019 (35)：49-50.

［3］周金华. 生活化教学与数学抽象关系初探：基于初中数学教学的思考［J］. 数学教学通讯，2020（17）：71-72.

［4］屈洪江. 概念图在初中数学教学中的有效应用研究［J］. 名师在线，2018（27）：77-78.

［5］张林春. 基于信息网络技术的初中数学课程教学探讨［J］. 文理导航（中旬），2018（7）：15-16.

［6］谢敏. 曲径通幽处，柳暗花明：摭谈培养数学建模能力的策略［J］. 文理导航（中旬），2018（9）：12-14.

［7］陶卫华. 谈初中数学教学中学生数学思维习惯的养成［J］. 数学教学通迅，2015（13）：34~35.

15."物理学与日常生活"主题下跨学科实践教学与实施

——以"生活用电交流峰会"实践活动为例

海口市第一中学　万钰雪

摘　要：跨学科实践与日常生活、工程实践及社会热点问题密切相关，新课标提出要求学生发现日常生活中与物理有关的实际问题，分析日常生活中的安全问题，并提出解决方案，从而践行安全、健康、低碳生活。在发现分析解决日常生活中的问题时，综合运用多学科知识，激发探索知识的欲望，培养并改善思维模式，扩大认识世界解决问题的视野。以"生活用电交流峰会"为课例，阐述"物理学与日常生活"主题下跨学科课程的设计与实施。

关键词：物理学与日常生活；跨学科实践；教学与实施

　　跨学科实践是指把真实的问题转化为教学中可落实的实践活动主题，围绕实地考察、调查研究、实验探究、设计制作等开展多样化的实践活动，并取得相应的实践成果。学生在跨学科实践过程当中，通过解决实际问题获得物理知识，发展核心素养。"跨学科实践"是初中物理课程内容的重要组成部分，《义务教育物理课程标准（2022年版）》中的"跨学科实践"至少占物理课程内容的 10%，作为一级主题被纳入了义务教育物理课程结构之中，与其他四个一级主题的内容密切相关。跨学科实践有三个二级主题：物理与日常生活、物理学与工程实践、物理学与社会发展。其内容具有明显的跨学科性和实践性特点，与日常生活、工程实践及社会热点问题密切相关，目的在于提升学生跨学科运用知识的能力、分析解决问题的能力，培养学生积极认真的学习态度和乐于实践、敢于创新的精神，推动教学方式、学习方式、评价方式和育人方式的转变，对推进物理课程改革起到积极的作用。本文以"生活用电交流峰会"为课例，阐述"物理学与日常生活"主题下跨学科课程的设计与实施。

一、选择具有综合性、实践性的课题

物理学与日常生活有密切联系，新课标提出要求学生发现日常生活中与物理有关的实际问题，分析日常生活中的安全问题，并提出解决方案，从而践行安全、健康、低碳生活。在发现分析解决日常生活中的问题时，综合运用多学科知识，激发探索知识的欲望，培养改善思维，扩大认识世界解决问题的视野。跨学科实践主题下的"物理学与日常生活"这个二级主题下有三个三级主题，其中第二个主题是"能运用所学知识分析日常生活中的安全问题，提出解决方案，践行安全与健康生活"，第三个主题是"能运用所学知识指导和规范个人行为，践行低碳生活，具有节能环保意识"。

从物理学科角度看，首先梳理学科核心知识，确认贯穿学科间的大主题，日常生活中很多情景都涉及安全问题，如高空坠物问题、家庭用电的安全问题、雷雨天的安全问题、交通中的安全问题、公共设施的安全问题；等等。电，是一种能源，是我们现代生活的重要组成部分，安全用电和节约用电和我们的生活息息相关，其中物理学科核心知识包括能量、能量的转化和转移、电和磁、电磁能、能源与可持续发展。电的来源有很多种，有摩擦起电，如静电现象；有自然界产生的电，如雷电；有发电机发电，如水力发电、火力发电、太阳能发电、风能发电等等。我们看到的电的结果以不同的方式存在，例如家庭电路里灯发光，音响有声音，风扇转动，总之，电就是一种能量转化，遵循能量守恒定律。学生对电的认识逐步深入，贯穿整个物理学习始终，但是从电的产生到家庭用电，学生对这些知识的了解散落在各个章节，比较零碎与割裂。

从物理观念建构角度看，跨学科主题的二级主题"物理学与日常生活"学业要求能从综合的视角在跨学科实践中认识所涉及的物理学科知识和跨学科知识；从观念应用方面，对生活中健康、安全等有关的日常生活问题，懂得用物理及其他科学知识解释。科技的进步使得人们每天都接触各种用电器，用电存在隐患。这就要求学生有用电安全意识，在室内和户外分别要注意不同的用电安全，了解安全规范背后的科学道理，还要善于运用所学的知识发现日常生活中的安全隐患，并提出合理化的建议。通过对现有用电安全规范的理解，认识到学好物理帮助我们平安地生活，更好地生存；认识用电安全标志，在用电中养成保护自己和他人的安全意识；知道电器能耗，认识能源危机，增强节约用电的意识。

从"物理学与日常生活"实践角度看，"生活用电交流峰会"主题的课程内容具有综合性和跨学科性，选择从电的能量转化分析电的好处和危害，到用电安全隐患及触电急救，再到节约用电，把这些知识点集中，通过生动的活动，让学生在具体的实践活动中加深对电的知识的了解，体会安全用电和节约用电的重要性。

二、设计关键问题与核心任务

（一）设计理念

跨学科主题学习是一种目的性很强的探究学习方式，因此不能局限于课堂上的"做中学"，而更需要确定研究目标或需要解决的问题，整合物理及其他学科知识，以核心素养为纲，以实践主题为引导，创设真实情境，进行综合实验活动，体现"创中学"，实现从物理走向社会的目标。制定跨学科实践方案，需要以问题的解决过程为线索设计方案，将跨学科实践的课题分解为若干驱动性任务，以观察、实验、设计、制作、调查等方式开展设计活动，将"跨学科实践"的课题转化为可操作的教学设计和实施方案。

（二）设计基于任务驱动的跨学科实践内容

《义务教育物理课程标准（2022 版）》提出实施跨学科实践教学要运用多学科知识，整合两个及以上学科提供的知识和思维方式，以阐明现象、解决问题为核心，通过整合多学科视角实现认知的进步。跨学科实践活动一定是在学生熟练掌握所学的物理概念和方法的基础上，立足物理学科本身，选择真实的生活情境，布置核心任务，解决核心问题，引导学生直面真实问题展开综合实践活动。以"用电交流峰会"为跨学科实践课题，围绕四个方面的核心素养目标确定任务。对电的认识到对电的敬畏，贯穿整个物理学习过程，具体任务从电的产生、电的能量转化、分析电的好处和危害，到用电安全隐患及触电急救，再到节约用电，融合生物学科、生活急救技能、公民责任感，进一步增强用电安全、节约用电意识，懂得基本的触电急救技能。

1、物理学与生物学科的融合

在学习"家庭用电"内容后，学生知道人体是电的良导体，人体受到电击后，就会有电流通过人体，电流是造成人体伤害的主要原因。触电电流的大小不同，触电引起的伤害也会不同，该内容涉及人体的皮肤组成、人体的生理反应、人体生命健康问题。设计驱动任务：电对人体有伤害吗？请通过网络搜索具体说明伤害程度与电流大小的关系。人体受到电流的伤害分类。设计该任务的目的是让学生知道触电的科学道理，从而更加敬畏生命，更加关注用电安全。

2、物理学融入学校健康教育

新课标特别重视培养学生"知行合一，学以致用"的教学原则，实施跨学科实践活动，以"用"促"学"，"学""用"相长。爱惜生命是科学态度与责任的主要内容之一。中共中央、国务院印发了《"健康中国 2030"规划纲要》，规划了对于个人和家庭在 2030 年需要掌握必备的健康技能：例如学会基本逃生技能与急救技能；需要紧急医疗救助时拨打 120 急救电话；抢救触电者时，首先切断电源，不能直接接触触电者；发生火灾时，会拨打火警电话119，会隔离烟雾、用湿毛巾捂住口鼻、低姿逃生等。《中小学综合实践活动课程指导纲要》提出将加强学生急救自护教育纳入综合实践活动中，结合不同学段学生年龄特点，推荐了安全使用与维护家用电器、制定自然灾害应急预案及演练等主题活动，指导学校组织学生开展实践活动，加强应急防护能力的培养。针对用电安全隐患，融入健康教育，设计任务：上网搜索触电的类型及触电的急救措施，模拟演示触电紧急抢救措施。这个任务让学生知道每个人都应该学习一些常见实用的触电急救方法，以便我们遇事能及时有效冷静地处理。

3、物理学科与公民责任感的联系

2023年5月颁布的《公民生态环境行为规范十条》明确了拒绝奢侈浪费，践行光盘行动，节约用水用电用气，选用高能效家电、节水型器具，一水多用，合理设定空调温度，及时关闭电器电源，多走楼梯少乘电梯，纸张双面利用，这些是培养公众美德所在。科学态度与责任，作为物理学科核心素养的精神内核，贯穿物理学习始终。其中社会责任感主要包括科学伦理和STSE，要求学生有保护环境、节约资源、促进可持续发展的意识。设计任务：生活用电调查，节约用电方法推广，设计节约用电宣传海报。要求实地调查浪费电的行为（拍图或视频）并撰写调查报告。这个任务设计目的在于教育学生发扬中华民族的传统美德，做节约能源资源的行动者，有建设美丽中国的主人翁意识。

（三）核心任务分解

"生活用电交流峰会"是以物理学科为主导的跨学科主题学习，根据学科素养的四个维度分解目标，每个维度都有相应的生活真实情境，设计驱动性任务，为学生提供所需的学习目标指导学生开展调查、探究、整理结果，将自己的任务与其他同学的任务联系起来，达到对学习内容的整合理解，如表1所示。

表1　"用电交流峰会"跨学科主题设计关键问题与核心任务

核心素养	关键问题	核心任务	课程目标
物理观念	电的好处和危害	1. 探究电的本质，电是什么？（回顾教材学习内容） 2. 观察周围环境，从能量转换的角度阐述电在生活中的用途。（拍照说明） 3. 电对人体有伤害吗？知道电流大小与对人伤害程度的关系。网络搜索电流对人体的伤害分类	建立能量本质观、形式观
科学思维	用电安全隐患和安全用电措施	4. 调查家庭、校园、商城及户外的用电安全隐患有哪些？（写调查报告） 5. 讨论家庭、校园、商城及户外用电的安全用电措施及对隐患处理的建议	观察生活，归纳分类研究问题，提出建议

续表

核心素养	关键问题	核心任务	课程目标
科学探究	触电的方式和触电的急救方法	6. 触电的方式和种类。(回顾教材学习内容并查阅资料) 7. 课前排演模拟触电时的急救方法(设计场景,分配角色)	学以致用
科学态度与责任	生活用电调查和节能方法	8. 家庭、校园浪费电的情况调查。(写调查报告) 9. 节约电能的方法。 10. 制作节约用电宣传海报	建立能量责任观

三、跨学科实践教学实施

实施"生活用电交流峰会"跨学科实践活动时,需要学生从广泛查阅资料和实地调查两方面入手,整个活动采用"课前任务指导—课外实践调查,小品排练,制作海报—课上交流展示"的组织方式实施。时间跨度为1—2周,课上交流为1.5课时。课前要求学生用1周时间以小组为单位,收集资料,准备汇报的课件或思维导图,演讲初稿。小组向教师提交调查初稿,教师审阅并给出相关修改意见。课堂交流时每个小组汇报结束后,将有一个提问环节,每个同学都有发问的机会。"生活用电交流峰会"设立最佳团队奖、最佳主持奖、最佳个人风采奖,如表2所示。

表2 "生活用电交流峰会"跨学科实践实施环节设计

教学安排	环节内活动	评价
环节一 课题引出	教师用思维导图展示"生活用电交流峰会"交流的核心问题,时间1分钟	1. 是否理解电能产生的原因,是否知道电器使用时的能量转化; 2. 调查报告是否合理; 3. 能否联系实际提出自己的见解; 4. 小品演出是否生动、科学; 5. 宣传海报设计是否精美,节约用电倡导词是否科学有力; 6. 小组成员是否团结合作
环节二 第一小组展示	学生通过PPT展示核心问题一:分享电的用途及危害,时间8分钟	
环节三 第二小组展示	学生通过PPT展示核心问题二:交流安全用电情况调查报告,时间8分钟	
环节四 第三小组展示	学生通过PPT展示核心问题三:了解触电方式及种类,时间3分钟;小品演出——模拟触电时的急救方法,时间10分钟	
环节五 第四小组展示	学生通过PPT展示核心问题四:交流浪费用电的调查报告,分享节约用电的措施,时间8分钟	
环节六 小组代表展示	每个小组展示本组设计的节约用电宣传海报,时间5分钟	
环节七	评出最佳团队奖、最佳主持奖、最佳个人风采奖	

四、教学反思

我们的日常生活情境同时包含多个学科的内容，在解决生活具体问题时，需要利用多学科的知识和思想方法。"生活用电交流峰会"的跨学科课题是根据学生掌握的电学知识、急救知识、信息技术，围绕现实生活确定的。分解为四个驱动性任务：电的好处和危害（知识呈现）、生活中的用电安全隐患和建议（观察与设计）、触电的方式和触电的急救方法（查阅资料与小品展示）、生活耗电调查和节能方法（调查与倡议）。从多学科角度了解生活用电的拓展性问题，体现现实世界的整体性。学科的价值在于学以致用，"生活用电交流峰会"跨学科主题教学的问题情境均来自学生熟悉的真实环境，安全用电是人人必须具有的安全意识，节能环保是社会热点问题，也是每位公民应具备的社会责任感。该课题很好地阐释了STSE教育，从学习到应用，回归物理学科价值的本体性，能够让学生在真实、综合的情境中发现问题，设计简单的跨学科方案。"生活用电交流峰会"跨学科主题学习在内容选择上体现为跨学科，但是核心依然是物理学科。学习方式为小组合作，教师提前布置任务，合理分组，学生主动参与，分工合作，较好地完成PPT演讲、小品展示、节能宣传画等。这个过程促进学生利用课外的时间，主动观察生活，积极参与思考和建议，真正感受物理与生活的紧密联系。在实践成果展示上，改变了传统的教学方式，发挥学生的主动性，让课堂成为学生展示的地方。跨学科的评价方式多样化，不以解题正确与否为目标，而是以过程表现为目标，评出优秀团队、优秀主持人、优秀演讲、优秀作品等，从而实现学科教学从"育分"到"育人"的转变，让核心素养的培育落地生根。

五、结语

跨学科实践的设计和实施，不仅是新课程倡导的课程理念，也是课程教学回归教育本质的必然要求。跨学科实践才刚开始，我们对跨学科的研究还很浅薄，未来需要我们不断学习与实践，研究生活中有跨学科实践价值的真实问题，围绕核心素养设计实践主题，分解任务，物化跨学科实践活动的成果，为学生的发展而不断努力。

参考文献

［1］李春密，苏明义. 新版课程标准解析与教学指导［M］. 北京：北京师范大学出版社，2022.

［2］李春密.《义务教育物理课程标准（2022年版）》课程内容与教学实施的思考［J］. 物理教学探讨，2022，40（12）：1-6，12.

16. 浅议如何培养学生细致有序的审题习惯

海口市第一中学　黄珊珊

摘　要：初中阶段，许多学生普遍存在审题不清、题意理解错误，甚至是漏掉已知条件的问题，而审题是解题的第一步，是解题的基础，只有正确审题才能正确解题。因此，老师一定要在初中物理教学中培养学生细致有序的审题习惯，从逐字阅读、紧抓题目的关键词、排除干扰信息、获取有效信息、"画"抽象为形象、建立物理模型等方面加强培养，促使学生更有效地运用自己掌握的物理知识，提高解决问题的能力。

关键词：培养；细致有序；审题习惯

初中物理知识的学习并不难，而且和生活紧密联系，理解起来有据可循，许多学生平时上课也能听懂，学习态度也认真，但是，纵观每次的考试情况，总有学生后悔没有仔细看题，本该得的分却失掉了，或者自己做题时经常出错，但是在课堂上随着老师一起看题解题就能顺利地解决问题，上述情况看似是粗心大意引起的，实则不然。归根结底，是学生没有养成良好的审题习惯所致。初中阶段，许多学生普遍存在审题不清的现象，主要有漏掉重要的已知条件，被无关条件干扰解题，对联系生活应用的题或者不熟悉情境的新题题意理解错误，走马观花读题后迅速用固化思维解题的习惯等。

审题是解题的第一步，是解题的基础，只有正确审题才能正确解题，良好的审题习惯是正确审题的关键因素。具备细致有序的审题习惯，可以通过审阅题文、题图或表格资料，理解题中所表述物理概念和内涵，全面、正确地把握问题的含义，并从中提取有效信息，弄清题目所涉及的物理过程，构建问题的物理情境，明确问题的已知条件与所求量之间的关系等，从而分析与解决问题。因此，老师一定要在初中物理教学中培养学生细致有序的审题习惯。那么，如何培养学生细致有序的审题习惯呢？本文将从以下几个方面进行阐述。

一、逐字阅读，紧抓关键

在审题的过程中，只有抓住了题目的关键条件，才能抓住解题的本质，也就找到了解题的突破口。读题时，手要指、眼要看、口要读、脑要思，才能心无旁骛地认真审题。

（一）手要指＋眼要看

老师要引导学生手中拿笔逐字阅读，不放过每个细节，一遍没看明白，就多看几遍，不要随意增减题目的字数，细心审题，理解题意。当看到关键的字词时，用画圈、横线或者打点的方式标记好，不遗漏关键字、词。我们不难发现，审题时不能忽视叙述性的语言，它们常常包含一些关键词，例如："约""光滑""粗糙""静止""增大""最多""全部""水平面"或"只有……才……"等字词，都包含着重要的信息，如果我们不小心忽略了这些字词，对题意的理解常常会不全面，甚至完全错误。让我们来看看下面的例子中，通过逐字阅读，可以挖掘什么有用的关键条件，其是怎样帮助解题的。

例1：一列长 200 m 的火车，以 10 m/s 的速度通过长为 6700 m 的南京长江大桥，火车全部在桥上经历的时间为多少？火车全部通过大桥所需的时间为多少？

分析：这道题我们可以依次获取的信息有火车的长度、火车的速度、桥的长度，最后该题的关键词是两个问题中的"全部"，当我们读题时，可将其圈出来，对之后的解答过程起到提醒的作用，这意味着求第一问的路程时，要注意用桥的长度减掉火车的长度，求第二问的路程时，则要注意要用桥的长度加上火车的长度，如果没有注意到"全部"这个关键条件，就会容易出现错误。

解：火车全部在桥上通过的路程为

$s = s_桥 - s_车 = 6700$ m $- 200$ m $= 6500$ m，

火车全部在桥上经历的时间：

$$t = \frac{s}{v} = \frac{6500 \text{ m}}{10 \text{ m/s}} = 650 \text{ s}，$$

火车全部通过大桥的路程：

$s' = s_桥 + s_车 = 6700$ m $+ 200$ m $= 6900$ m，

火车全部通过大桥所需的时间：

$$t' = \frac{s'}{v} = \frac{6900 \text{ m}}{10 \text{ m/s}} = 690 \text{ s}。$$

例2：一个瓶子能装下 2 kg 水，如果用它来装酒精（$\rho_{酒精} = 0.8 \times 10^3$ kg/m³），最多能装 _____ kg。

分析：有序审题后，获得题目的已知条件有水的质量、酒精的密度，由于水的密度是要求记住的，所以也是一个已知条件。该题关键条件是"能装下"和"最多"，这两个条件意味着要把瓶子装满水和酒精，含有体积的等量关系，即水的体积和酒精的体积都跟瓶子的容积相等，由此处下手来解答题目。

解：已知瓶中能装下的水质量为 $m_水 = 2$ kg，

由公式 $\rho = \dfrac{m}{V}$ 得装满水的体积，即瓶子的容积为：

$$V_瓶 = V_水 = \frac{m_水}{\rho_水} = \frac{2 \text{ kg}}{1 \times 10^3 \text{ kg/m}^3} = 2 \times 10^{-3} \text{ m}^3,$$

瓶中最多可装酒精的体积为：

$$V_{酒精} = V_瓶 = 2 \times 10^{-3} \text{ m}^3,$$

故瓶中最多可装酒精的质量为：

$$m_{酒精} = \rho_{酒精} V_{酒精} = 0.8 \times 10^3 \text{ kg/m}^3 \times 2 \times 10^{-3} \text{ m}^3 = 1.6 \text{ kg}。$$

（二）口要读＋脑要思

"读书百遍，其义自见"，老师在讲解习题时，可以先示范读题，要有所停顿，分清主谓宾，对题目的关键字词，要加强语气，对应着"手要指＋眼要看"，学生可小声读题或默读，获取题目的信息，避免错看、漏看题目，并要动脑积极思考来理解题目深层次的含义。例如：光学题目中"成正立、放大的像"，意味着是虚像。力学题目中"光滑"意味着没有摩擦力，"浸没"意味着 $V_排 = V_物$。运动学题目中"匀速转动"的"转动"意味着运动状态发生改变，洒水车匀速行驶的"洒水"意味着质量减少。由此，只有细致有序地读题，才能更好地获取这些关键词，来更好地分析问题，来看看怎么有序地分析下面的光学和力学两道题目。

例3：小明同学做"探究凸透镜成像的规律"的实验，当他把烛焰移到距透镜18 cm的位置时，在光屏上观察到倒立、放大的清晰的像。他判断凸透镜焦距可能是①6 cm、②9 cm、③12 cm、④16 cm，其中正确的是（　　）。

A. ①②　　　　B. ②③　　　　C. ①④　　　　D. ③④

分析：读题后可知物距 $u = 18$ cm，题目的关键信息是在光屏上成"倒立、放大的像"，根据凸透镜成像的规律可知，物距应满足 $f < u < 2f$，$u = 18$ cm，解得 9 cm $< f <$ 18 cm，所以凸透镜焦距可能是③12 cm 和④16 cm。

例4：海口美兰机场用传送带为顾客运送行李，主要有水平运送和沿斜面运送两种形式，甲为水平传送带，乙为倾斜传送带，如图1所示。当行李随传送带一起匀速运动时，甲传送带上的行李所受的摩擦力为 _____ （选填"等于零"或"不等于零"），乙传送带上的行李所受的摩擦力为 _____ （选填"等于零"或"不等于零"）。

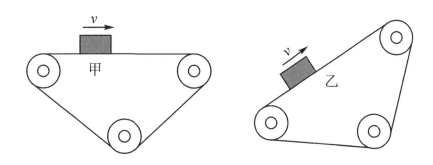

图 1 海口美兰机场传送带示意图

分析：通过细致的审题可知，"甲为水平传送带""一起匀速运动"是解答本题第一空的关键词，由此明确甲传送带上的行李与传送带一起做匀速直线运动，它们之间相对静止，没有相对运动的趋势，因此不受摩擦力的作用，甲传送带上的行李所受的摩擦力等于零。

通过细致的审题可知，"乙为倾斜传送带"是解答本题第二空的关键词，尽管乙传送带上的行李随传送带一起匀速运动的过程中，行李与传送带之间相对静止，但乙为倾斜传送带，乙传送带上的行李有向下运动的趋势，因此受摩擦力的作用，乙传送带上的行李所受的摩擦力不等于零。

读题的时候，不是单纯的手指、眼看和口读，还要边读边思考，这就要求学生在大脑中储备充分的物理知识，通过综合思考，分析出解题的思路和方法。在思考时，还需注意情绪问题，尤其是碰到综合性强的题目时，容易出现畏难情绪，无法集中注意力思考，容易遗漏关键信息，错误率也较高。此时，要从心理上暗示自己能行，深呼吸几次，运用"指、看、读、思"使自己全神贯注地进入细致有序的审题中。

如下图 2 和图 3 就是运用以上方法正确解答题目的优秀例子，学生通过认真有序的审题，圈出题中的关键词来解答题目，这样的方式让获取的有用的已知条件显而易见，在获取关键条件时，伴随认真的思考，可以帮助更快速、准确地解题。

21. 科技助"荔"打造智慧果园。海南荔枝农利用植保无人机巡逻、喷药、施肥，百亩荔枝施肥只需三小时。作业前，装满药剂和汽油的无人机停在水平地面上，对水平地面的压强为 $5 \times 10^4 Pa$，支架与水平地面的总接触面积为 $5 \times 10^{-3} m^2$。作业时，该无人机先匀速直线上升 3m，接着水平匀速飞行喷洒药剂。无人机上升时空气阻力和汽油消耗忽略不计。请完成下列问题。（$\rho_{汽油} = 0.7 \times 10^3 kg/m^3$，$q_{汽油} = 4.6 \times 10^7 J/kg$，取 $g = 10N/kg$）

(1)无人机匀速上升时升力与总重力 ___是___ （选填"是"或"不是"）一对平衡力。

(2)满载时无人机的总质量为多少 kg？

(3)上升过程升力做了多少功？

(4)若无人机的热机效率是40%，无人机消耗200mL汽油所做的有用功是多少？

解（2）满载时无人机对水平地面的压力：
$F = PS = 5 \times 10^4 Pa \times 5 \times 10^{-3} m^2 = 250N$
无人机的总重力：$G = F = 250N$
总质量：$m = \dfrac{G}{g} = \dfrac{250N}{10N/kg} = 25kg$

(3)匀速直线上升过程中，由二力平衡知：$F' = G = 250N$
上升过程升力做的功：$W = F'S = 250N \times 3m = 750J$

(4)消耗汽油的体积：
$V = 200mL = 200 \times 10^{-6} m^3$
消耗汽油的质量：
$m = \rho_{汽油} V = 0.7 \times 10^3 kg/m^3 \times 200 \times 10^{-6} m^3$
$= 0.14kg$
消耗汽油放出的热量：
$Q_{放} = mq_{汽油} = 0.14kg \times 4.6 \times 10^7 J/kg = 6.44 \times 10^6 J$
汽油所做的有用功：
$W_{有} = \eta Q_{放} = 40\% \times 6.44 \times 10^6 J = 2.576 \times 10^6 J$

图 2　优秀的解题示范

22. 某品牌电热水壶的铭牌上标着如下表所示的数据，求：

（1）该电热水壶正常工作时的电阻；

（2）在额定电压下，电热水壶工作的30分钟时间，产生的热量是多少？[不计热量损失]

（3）如果在用电高峰时间内用电热水壶烧水，电压只有200V左右，这时电热水壶发热时的功率大约多大？

热水壶容量	2.0L
额定电压	220V
加热时功率	800W
频率	50Hz

解：(1) 电热水壶正常工作时的电阻：
$R = \dfrac{U^2}{P} = \dfrac{(220V)^2}{800W} = 60.5\Omega$

(2) 电热水壶工作30分钟产生的热量：
$Q = W = Pt = 800W \times 30 \times 60S = 1.44 \times 10^6 J$

(3) 当 $U' = 200V$ 时，电热水壶发热时的功率：
$P' = \dfrac{U'^2}{R} = \dfrac{(200V)^2}{60.5\Omega} \approx 661.2W$

图 3　优秀的解题示范

二、排除干扰信息，获取有效信息

有些物理题，字数很多，在其中设置小陷阱或者似是而非的条件，干扰学生明辨是非的能力，影响正确的解题思路，导致学生解题时误入歧途。因此，对这类题目的审题，要运用物理概念和规律，把握题目的本质，去伪存真，大胆排除那些干扰条件，获取有效信息，理清思路，才能顺利地解答此类题目。

例 5：用 25 N 的水平力将重为 10 N 的物体紧压在竖直的门上保持静止，物体与门的接触面为 1 m²，则门受到的压强是多大？

分析：在这个题目中，"重为 10 N"是干扰条件，容易误导学生的解题思路，关键要弄明白施加在门上的压力，是 25 N 的水平力，并非物体的重力，抓住这个有效信息就可以正确解答此题。所以，门受到的压强 $p = \dfrac{F}{S} = \dfrac{25\ \text{N}}{1\ \text{m}^2} = 25\ \text{Pa}$。

例 6：如图 4 所示，一只白鹤正沿直线朝斜向上方向匀速飞翔，请画出此过程中白鹤的受力示意图（作用点在 O 点）。

图 4　直线飞翔的白鹤

分析：该题的有效信息是白鹤正"沿直线匀速飞翔"，即匀速直线运动，白鹤处于平衡状态，则白鹤的重力 G 和空气对它的作用力 F 是一对平衡力；因为重力方向始终竖直向下，故空气对它的作用力方向竖直向上，作用点在重心 O 处。许多学生没有抓住"匀速"这个关键，而是关注"斜向上"，由此错画了一个斜向上的力。答案如图 5 所示。

图 5　白鹤的受力示意图

例 7：如图 6 中，A、B 都浸没于液体中，A 与容器侧壁紧密接触，B 与容器底紧密接触。则：A _____ 浮力作用，B _____ 浮力作用。（均选填"受到"或"不受到"）

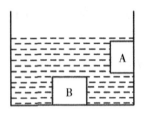

图6　A、B与容器接触示意图

分析：题中第一空的有用信息是"A与容器侧壁紧密接触"，题中第二空的有用信息是"B与容器底紧密接触"，但是，许多学生会被"浸没"干扰，认为只要浸没在液体中就会受到浮力，从而都选填"受到"。浮力产生的原因是上下表面的压力差，由题意知，A与容器侧壁紧密接触，上下表面有压力差，A受到浮力作用；B与容器底紧密接触，上下表面没有压力差，所以B不受到浮力作用。

例8：一个小球所受的重力为10 N。将它浸没在水中时，所排开的水的重力为20 N。那么小球浸没时受到的浮力大小为＿＿＿＿＿N，放开手后，物体将＿＿＿＿＿（选填"上浮""下沉"或"悬浮"），最终小球的浮力为＿＿＿＿＿N。

分析：审题可知已知两个重力，在解答第一空时，小球的重力是干扰条件，要排除，而排开水的重力是有用的条件。小球浸没在水中，小球排开的水的重力为20 N，由阿基米德原理知：$F_浮＝G_排＝20$ N，而 $G_球＝10$ N，$F_浮＞G_球$，则放手后小球将上浮，最终漂浮在水面上，浮力等于重力即 $F'_浮＝G_球＝10$ N。

如图7所示的解答过程，可以看出养成细致有序审题习惯的学生，在审题时会手脑眼并用，画出关键条件，快速排除无关信息，避免被干扰，使得正确解题的概率大大增加。

---

11. 饱满的稻谷将稻秆压弯了说明力可以改变物体的 <u>形状</u> （选填"运动状态"或"形状"）；我们能闻到稻谷清香的气息是因为分子总在 <u>不停地做无规则运动</u>

12. 收割机以3m/s的速度在田地里匀速直线行驶720m，所用时间是 <u>240</u> s；黄澄澄的稻谷颜色是由它 <u>反射</u> （选填"反射"或"透过"）的色光决定的。　$t=\frac{s}{v}$

13. 火箭用液态气作为燃料，因为液态氢具有较高的 <u>热值</u> （选填"热值"或"比热容"）；火箭升空过程中，燃料燃烧将 <u>化学</u> 能转化为内能。

14. 火箭搭载探测器加速升空过程中，探测器的动能 <u>变大</u> ，重力势能 <u>变大</u> （选填"变大""不变"或"变小"）。

15. 升空后，探测器与火箭成功分离进入预定轨道，此过程探测器相对于火箭是 <u>运动</u> （选填"静止"或"运动"）的；"鹊桥二号"是通过 <u>电磁波</u> 传递信息的（选填"电磁波"或"超声波"）。

16. 用弹簧测力计悬挂一个实心柱体，将它浸入水中静止时，其上表面恰好与水面相平。此时弹簧测力计的示数为3N，柱体下表面受到水的压力为2N，则柱体受到的浮力为 <u>2</u> N，其密度是 $\underline{2.5\times10^3}$ kg/m³.（$\rho_水＝1.0\times10^3$kg/m³，$g＝10$N/kg）　$F_浮＝F_向上－F_向下＝2N－0N＝2N$

图7　小球的浮力解题示范

三、"画"抽象为形象，构建物理情境

画图分析题目是审题的重要方法，能让学生建立有序且形象的物理步骤，使问题直观形象。特别是解答力学、电学的题目时，一定要养成画受力分析图、等效电路图的习惯，可以更深刻形象反映题意，促进解题。

因此，在平时的教学中，老师要有意识地布置一些对应的画图练习，让学生熟练使用画图的方法。我们可以设置如图 8 和图 9 所示的画物理情境图的练习。

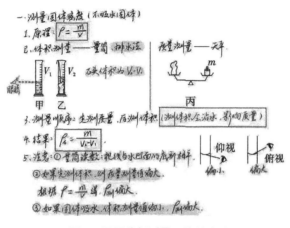

图 8　画图分析测量固体的密度

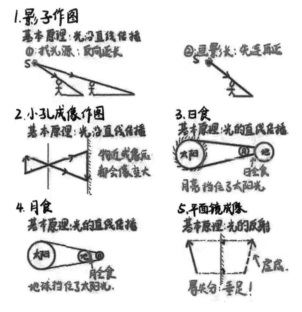

图 9　画图分析了解电路

用画图的方式，使抽象的文字和数据形象地体现出来，实质上，这是在不断地用已有的物理知识，综合构建物理情境的过程，这样能够使我们更准确地理解题意，有效解题。平时日积月累的画图练习，会让学生熟练掌握该方法，促使良好的审题习惯养成。

四、坚持培养细致有序的审题习惯

细致有序的审题习惯可以让解题者快速发现、辨认和转译题目信息，伴有思维的积极参与，细致有序的审题习惯会激发主体有目的、有计划的知觉活动，是通过阅读获取信息，并进行信息的加工处理过程。因此，对初中阶段的学生来说，培养细致有序的审题习惯的重要性是不言而喻的。这是一项艰巨且漫长的任务，不是一朝一夕就能完成的，需要日积月累的训练、巩固和发展才会有明显的效果。老师在课堂中要不断渗透，有意识地进行不同程度的审题训练，指导并鼓励学生充分练习，不断地巩固其方法，其间还要不断更新观念，不断寻找更好的审题方法，坚持培养才能使之内化为习惯的一部分。

总之，良好的审题习惯是解题的良好开端，要在培养中将其内化为解题的固定流程之一，不仅可以帮助学生正确解题，还可以激发学生学习物理的兴趣，产生正向的情绪体验，对其他的学习也会产生积极的影响，让学生在不断成长中体会良好习惯所带来的成功，正如著名教育家叶圣陶曾说过的："什么是教育？简单一句话，就是养成良好的习惯。"

参考文献

[1] 陈江. 初中物理教学中提升学生审题能力的策略研究 [J]. 考试周刊, 2018 (95): 153.

[2] 李焕贤. 培养初中学生物理审题能力之我见 [J]. 科教文汇 (下旬刊), 2016 (15): 160, 162.

17. 初中道德与法治项目式教学法的实践研究

海口市第一中学 麦苗

摘 要：《义务教育道德与法治课程标准（2022 年版）》对初中思政教师提出："要积极探索议题式、体验式、项目式等多种教学方法，引导学生参与体验，促进感悟与建构。"本文探究项目式教学法在初中道德与法治实践中的意义，并从小项目、有素养、真情境、促参与、巧引导、有评价六个方面，深入研究项目式教学法在初中道德与法治教学中的运用。这对培养学生核心素养，发挥项目式教学法的积极作用，落实道德与法治课程立德树人根本任务有着重要意义。

关键词：项目式教学法；初中道德与法治；核心素养

新时代背景下，人们越发重视学校教育教学的科学创新，探索科学、有效的教学方法是教师们必须研究的问题之一。《义务教育道德与法治课程标准（2022 年版）》（以下简称课程标准）中指出：思政课是落实立德树人根本任务的关键课程，道德与法治课程是义务教育阶段的思政课，旨在提升学生思想政治素养、道德修养、法治素养和人格修养等。由此可见，道德与法治课程的教学任务是培养学生终身发展所需的核心素养。为了落实核心素养，教师应依据课程目标、教学内容、评价要求积极探索有效的教学方法。项目式教学法是一种以学生参与、教师启发为根本的教学方法，是符合新时代教育教学理念的教学方法。在初中道德与法治的教学中，项目式教学法对调动学生的学习主动性、发挥教师的引导作用、实现教学相长起着积极作用。因此，研究"如何充分发挥项目式教学法在初中道德与法治教学中的作用"尤为重要，本文从小项目、有素养、真情境、促参与、巧引导、有评价六个方面，对项目式教学法的有效实施进行研究，为实现学生核心素养的落实、教师教育教学能力的提升、初中道德与法治学科教学方法的创新提供有效借鉴。

本文将以人教部编版《道德与法治》八年级下册第二单元第三课第一框"公民基本权利"为例，探讨项目式教学法在初中道德与法治日常教学中的运用。

一、项目式教学法的意义

（一）推动初中道德与法治教学创新

建构主义理论和发展性教育理论是项目式教学法的重要理论基础。建构主义理论强调在教师的指导下，以学生为中心，以激发学生对知识的主动探索为目的进行项目构建。发展性教育理论，突出以人为本，旨在发展遵循学生身心发展规律，促进学生全面向上发展的教育。项目式教学法是一种强调以人为本，赋予学生更多发挥空间，以此激发学生主动参与学习积极性的新型教学模式。在这一模式中，教师的角色发生根本性的转变，由知识的讲授者、课堂的主导者转变为学生学习的引导者、课堂的辅助者。这与传统教学中"老师讲，学生听"的教学模式有着截然不同的发展方向。项目式教学法的独特优势在于能使初中道德与法治教学从"老师讲，学生听"转变成"老师导，学生学"，能提高课堂教学效率，有效培养学生核心素养，提升教师教育教学能力。这符合新时代教育发展要求，是初中道德与法治教学法的探索创新，对新时代教学模式的探索有重要意义。

（二）培养学生自主学习能力

项目式教学法注重以人为本，发挥学生的主体作用，是师生共同完成一个有效项目的教学活动。教师布置的任务具有探究性和可操作性，既需要学生个人独立自主学习，也需要小组合作分工完成，真正实现学生自主学习。在项目式教学中，教师将教材的知识内容转化为围绕一个主题，由多项任务组成的教学项目。学生以个人或小组为单位，通过循序渐进地完成与主题相关的各项任务来开展教学活动。依据项目的具体内容和要求，学生在教师的指导下，通过搜集信息、整理材料、分析问题、解决问题，最终完成项目任务，同时得到相应的活动评价后，能反思自己的学习过程，总结成功经验，找出不足并加以改正。

项目式教学法是教师通过设计项目，引导学生完成项目，从而实现对学生进行行为指导的一种教学方法。项目式教学法的学习任务由老师创设，给予学生一定的自主选择权，让学生在发现问题、分析问题、解决问题的过程中培养核心素养，提高综合能力，深刻体验学习的快乐。这一教学法，有助于学生的信息查询、语言表达、思维框架、探究能力、合作学习等综合素质和技能的发展和培养，有助于养成良好的学习习惯，激发学生学习初中道德与法治的兴趣。因此，项目式教学法对学生自主学习能力、合作探究能力等综合能力的培养有着重要意义。

（三）提高教师教育教学能力

项目式教学法作为一种创新的教学方法，在提高学生自主学习能力的同时也提高了教师的教育教学能力。项目式教学法强调学生的主体作用，但并没有削弱教师的作用，反而对教师提出了更高的要求。要求教师要明确教学目标，在对教学知识的全面深入理解基础上，对教学知识进行科学的整合，并创设学习项目。学习项目既要实现理论知识的构建，又要有目标的实现、学生能力的培养，最大限度地调动学生掌握各种技能的积极性。在课堂中，教师不再是"知识库""信息库"，而是一名向导，引导学生学会获取信息、选择信息、整理信息，帮助学生运用已有知识结合生活实际解锁新知识。这一过程是学生在实践中掌握新知识，培养分析问题、解决问题等综合能力的过程，也是教师通过指导学生学习、使用专业知识，运用教学技巧提升教育教学能力的过程。在这一过程中，教师不但要有较好的课堂把控能力、专业知识综合运用能力、跨学科知识融合能力，还要充分发挥道德与法治课程的思想与价值引领，引导学生坚定理想信念，厚植爱国情怀。因此，项目式教学法是促进教学相长，有效落实立德树人根本任务的教学方法。

二、项目式教学法设计

（一）设计要求

1. 小项目，易落实

项目式教学法注重以人为本。构建发挥学生主体性作用的项目关键在于研究学情。在设计项目时，要对所教学生的知识基础、思维方法、学习能力等进一步地深入了解。以此为基础，明确恰当的项目主题，创设具有实操性的项目内容。

7～9年级学段的学生在通过小学六年的基础知识学习过后，有一定的知识储备。同时，学生正处于青春期，思维活跃，对新事物充满好奇心，独立思考能力和判断能力也进一步增强。因此，项目主题要符合教学内容，在开展课堂活动全过程中发挥导向的作用。项目式教学法以"学生的学"为核心，项目活动内容是实现"学"的手段，活动内容不能大而空，要小而精，精准对应学生的知识储备和学习能力，确保学生通过努力能完成项目任务，保障项目在课堂中实现有效落实。

2. 有素养，重培养

初中道德与法治课程是义务教育阶段的思政课，旨在提升学生思想政治素质、道德修养、法治素养和人格修养等，培养学生的核心素养是本课程的价值追求。项目目标是教师进行项目式教学设计的基础，是实施项目所要达到的预期效果，是衡量教学效果的标准。明确项目目标，有利于顺利开展项目式教学，把项目内容落实在实处，做到有的放矢，实现有效教学。因此，项目设计要基于核心素养，制定项目目标。项目目标的确定应符合以下要求。

（1）符合教学内容特点，不同内容有不同的核心素养目标。项目目标要具体、明确、可操作。

（2）符合学生的实际情况。关注学生的全面发展，注重培养学生的综合素质。

（3）要有针对性，针对课程标准的要求、学生的特点和成长需求。

3. 真情境，产生共鸣

初中道德与法治学科的学习不是空中楼阁，而是脚踏实地，来源于学生的生活实际。项目内容的设计要与学生的生活息息相关，要能激发学生的学习兴趣，要有助于学生学以致用，能帮助学生构建知识框架，培养综合能力和素养。7～9年级学生生活的圈子比较小，能直接接触到的社会生活有限，因此项目情境的设计不能一味地追求"高大上"或者一味地追求热闹，要回归到学生的生活实际，使学生处于真实而有价值的情境中，才能让学生产生共鸣，有话可说，有话愿说。

项目情境的创设应符合以下要求。

（1）项目情境要与学生的生活经验、学习能力相适应，要能激发学生的学习兴趣，让学生积极参与项目活动。

（2）项目情境要有一定的连接性，做到环环相扣，每一个情境都要对实现教学目标有明确的作用。

（3）项目情境要有生活气息，要与时俱进，紧扣时代发展趋势，凸显道德与法治学科的学科特点。

（二）设计案例

表1 "公民基本权利"设计案例表

项目	内容	设计特点
项目主题	我们拥有的公民基本权利	紧扣教学主题，符合课程标准的要求
项目内容	学生制作公民基本权利学习卡	制作学习卡是学生学习中常使用的学习方法，符合学生的学习规律和学习习惯
学情研究	八年级的学生在学习了八年级下册第一单元的内容后，掌握了宪法的地位、宪法原则等相关知识，但是对于宪法中规定的公民基本权利并不了解。这就需要学生通过结合自身的生活实际和社会生活案例，正确认识宪法规定的公民基本权利，并能够开始用联系的、发展的观点分析社会生活中的现象，能够运用实际案例说明公民基本权利	学情研究要符合所教班级学生的真实情况

三、项目式教学法的实施

（一）实施要求

1. 促参与，创思维

项目式教学法在初中道德与法治课中发挥有效作用，重点在于提升学生的课堂参与度。调动学生参与课堂，可从以下 3 点着手。

（1）教师要面向全体学生提出学习要求。虽然在一个班级中，每位学生的学习能力各不相同，但在项目式教学法中，项目任务的安排可以兼顾不同层次的学生，每位学生都可以被分配与之能力相匹配的任务。

（2）设置竞争机制，调动学生的学习积极性，激发竞争意识，充分发挥学生的小组团队合作能力，让学生在讨论、分析中，通过思维的撞击，产生思维的火花，从而产生学习动力。

（3）"亲其师，信其道"，教师通过亲切的语言、温暖的微笑、真诚的关爱建立良好的师生关系，构建师生沟通交流的桥梁，从而激发学生的学习热情，提高学生的课堂参与度。

2. 巧引导，达目标

教师在教学中运用项目式教学法，要充分发挥教师的引导作用。在课前，要把项目任务安排给学生，并做好项目任务的解读，让每一位学生都了解自己小组的任务和自己个人的任务。对于有一定难度的任务，教师要把学习方法告知学生，比如：查阅法律资料可以去图书馆，或者通过文书网等官方网站查阅。在课堂中，教师要给予学生充分的时间完成项目任务，要尊重学生的成长规律，积极鼓励学生完成项目任务。教师在课堂中要认真观察学生，了解学生学习情况，及时给予学生帮助和引导。在课后，教师应对本节课进行分析总结，对学生的表现给予客观的评价，表扬优点，指出不足，为学生提供改进方法。

3. 有评价，共成长

项目式教学法不仅注重学生的学习结果，更注重学生的学习过程。最便捷的评价方式是制作项目学习评价表。在课前，教师就要把项目学习评价表发给学生，使学生的学习方向更加明确，小组合作有具体的集体目标。项目学习评价表可以包括教师评价、组内评价、自我评价、班级评价等。有效的评价能够实现"教—学—评"一体化，调动学生的学习积极性，能改进教师的教学，实现师生共成长。

（二）实施案例

1. 在"公民基本权利"一课中，笔者在课前发放以下任务单和评价表给学生。

表2 "公民基本权利"项目任务单

项目主题	我们拥有的公民基本权利
项目内容	学生制作公民基本权利学习卡
项目目标	法治观念:学生通过观察生活实际、查阅相关资料等方式,收集体现公民基本权利的生活案例,从而知道我国公民享有的基本权利,理解公民基本权利的重要意义,进一步感受宪法与每个人的关系,树立权利和义务相统一的法治观念 责任意识:学生通过制作学习卡,正确认识公民基本权利的具体内容,树立正确行使权利的意识,同时通过分工合作,提高团队合作能力,培养责任意识
项目任务	①学生课前阅读宪法和教材内容,整理出公民基本权利的内容 ②通过观察生活实际、查阅相关资料等方式,收集体现公民基本权利的生活案例 ③在课堂上,创设竞赛情境。以小组为单位制作学习卡,学习卡的内容要包括公民基本权利的名称以及分析说明的案例 ④展示学习卡,并对本小组制作学习卡的过程和成果进行总结 ⑤依据评价标准,学生对学习卡的制作过程和成果进行互相评价

2. 在课堂教学中,学生通过自主学习、团队合作,在笔者的指导下,完成了学习卡的制作(图1)。

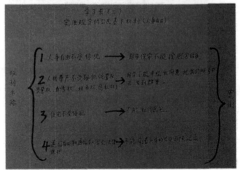

图1 学生制作的学习卡

3. 师生共同完成以下项目学习评价表。

表 3　项目学习评价表

班级：　　　姓名：

评价项目	评价内容	教师评价 （25分）	组内评价 （25分）	自我评价 （25分）	班级评价 （25分）
过程性评价	1. 积极收集材料 2. 积极参与问题讨论 3. 积极参与课堂活动				
总结性评价	1. 学生完成个人任务情况 2. 学生和组员合作情况 3. 学生总结归纳情况				
总分					

综上所述，项目式教学法在道德与法治课程的实践研究，丰富了初中道德与法治学科教学方法，是新时代道德与法治课程教育教学理念的创新。以小项目、有素养、真情境、促参与、巧引导、有评价为创设实施要求的项目式教学法，为初中思政教师的教育教学研究开拓了新方向，也提升了初中学生的自主学习能力，提高了课堂教学效率，项目式教学法以项目赋能核心素养，实现了教学相长、教育创新。

参考文献

［1］中华人民共和国教育部. 义务教育道德与法治课程标准（2022 年版）［M］. 北京：北京师范大学出版社，2022.

［2］李晓东. 义务教育课程标准（2022 年版）课例式解读道德与法治［M］. 北京：教育科学出版社，2022.

［3］韩震，万俊人. 义务教育道德与法治课程标准（2022 年版）解读［M］. 北京：高等教育出版社，2022.

［4］祁彧. 项目式学习：教学设计与案例［M］. 北京：中国人民大学出版社，2022.

［5］徐赂瑶，方学军. 项目式教学法在高中思政课中的实践与探索［J］. 新课程导学，2023（29）：13－16.

18. 提高初中语文课堂活力的一些思考

海口市第一中学教育集团石山中学　陈柱

摘　要：传统初中语文教学功利化的现象严重，许多语文教师只注重传授，生怕少讲了学生不会。但课堂的活力、学生学习语文的兴趣不是靠教师讲出来的，需要教师不断思考研究总结。文章试着从四个方面阐述如何提高语文课堂的活力，对语文活力课堂的构建具有参考意义。

关键词：初中语文；课堂活力；方法方式

初中是学生成长和发展的重要阶段，处于初中阶段的学生思考能力和学习能力都有了明显的提高。因此，语文教师一定要重视初中阶段学生的语文学习。通过提高课堂活力激发学生的语文学习兴趣，进一步提高课堂教学效率，引导学生进行高效的学习。

一、激发学习兴趣

兴趣是最好的老师，是语文学习的基础，是高效学习语文的前提。学生只有真正地对语文学习感兴趣，才能从根本上提高学习效率，从而使语文课堂更加具有活力。

初中学生对教师的肢体语言非常感兴趣，教师要学会在课堂上使用夸张的动作、表情和肢体语言来教学，不但使课堂生动形象，更是牢牢地抓住了学生的注意力。采取幽默风趣的语言风格进行知识的讲授，同时利用肢体语言来吸引学生的注意力，提高语文教学的趣味性，引起学生的兴趣，让学生的注意力重新回到课堂中来，营造良好的课堂氛围，利于学生学习效率的提高。让学生深刻地体会到语文的魅力所在，从而激发学生们的学习兴趣，培养他们良好的学习习惯和思维习惯。

二、尊重学生的情感体验，鼓励学生参与教学

传统的语文教学往往以教师讲解为主，这种教学方式容易让学生感到枯燥乏味。教

师要创设情境，鼓励学生在课堂上动手、动脑、动笔、动嘴。总之，要让学生动起来，与教师一起完成教学，课堂才能更有活力。

在教学过程中，可通过播放背景音乐、展示图片等方式，让学生仿佛置身语文课文所描绘的情境中，从而更好地理解和感受古诗词的意境。此外，我们还可以采用小组合作学习法，让学生在小组中相互交流、相互学习，共同探讨语文问题。这种教学方式不仅能够提高学生的学习积极性，还能够培养学生的合作意识和团队精神。

学生是课堂学习的主体，教师在教学过程中应该扮演引导者和鼓励者。教师要学会倾听学生对所学内容的想法，根据学生对知识的理解程度，对其进行恰当的引导，培养他们的问题意识。在《从百草园到三味书屋》的教学时，提出问题：你觉得美女蛇的故事怎么样？这个故事如果去掉是否会影响课文的结构？给学生指明思维方向，让学生充分讨论，提高他们的分析能力和理解能力，积极地调动学生们的学习积极性，充分地发挥学生们在学习过程中的主体地位，从而使他们积极主动地探索知识。这对于提高学生的思维能力、想象力和阅读能力都是十分重要的。

三、多元评价方式

在语文教学过程中，我们应该用最有代表性的事实来评价学生。对学生的日常表现，应以鼓励、表扬等积极的评价为主，采用激励性的评语，尽量从正面加以引导。语文教学评价价值的多向、评价主体的多元、评价目标的多维决定了评价方法的多种，评价方法的多种对应了评价目标的多维。长期以来，语文教学评价仅靠纸笔测验这种单一的方法进行，大大地局限了对学生语文素质的评价。

构建活力课堂，教师除了要丰富课堂教学方法之外，还需要对学生们的表现进行定期的评价。只有这样，学生们才能清醒地意识到自己在语文学习上的优势和不足。这对于他们清楚地认识自己、更好地进步都具有十分重要的意义。

教师在评价学生时可以运用多种科学方法如教师点评、小组互相评价、学生自我评价等。初中阶段的学生正处于青春期，因此一部分学生由于叛逆，不愿意听从教师的建议，相反，他们更乐意听从同龄人的意见。所以教师可以综合运用多种评价的方法，使学生们更加清晰地认识到自己的缺点和不足。这样一来，学生们才能在今后的语文学习过程中不断地发展、查漏补缺，让自己的语文水平有所提高。

四、提高教师的职业素养

语文教师自身的魅力也是激发学生语文学习兴趣的重要因素。一个热爱语文、充满激情的教师，往往能够感染学生，让学生对语文学习产生浓厚的兴趣。

初中语文教师如果想要更好地提高课堂教学效率，激发学生学习语文的兴趣，构建语文活力课堂，就一定要从根本上进行改变和提高。因此，教师要树立终身学习的观念，积极主动地学习最新的教学理念，不断充电，研究更多的教学案例，总结前人经验。将自己学会的教学知识充分地运用到日常教学过程中，让自己的课堂氛围变得更加轻松和谐、生动有趣。除此之外，教师在教学过程中也一定要注意观察学生们的学习情况和课堂表现，根据不同学生的特点来制定更加具有针对性的教学计划。

比如，如果教师发现有的学生存在学习很吃力的现象，就一定要及时更改教学方案和原定的短时期教学计划，放慢自己的教学速度，让学生们逐渐适应自己的教学节奏，并且在今后的教学过程中也要注意避免此类情况的发生。教师应该善于总结和反思，从自己的每一堂课中总结自己的缺点和不足，长久下去，教师的教学能力也会有巨大的提高。

让初中语文课堂充满活力的方法方式多种多样，但适合最重要，要适合学生的学习、适合教师的教学。初中语文教师如果想要更好地培养学生们的语文学习能力，提高学生的语文素养，就一定要找到几种适合自己的教学方法，才能让课堂活起来，让学生动起来、学起来。学生才能在学习过程中逐渐地培养语文学习的兴趣，在轻松愉快的学习氛围中提高学习质量。

参考文献

[1] 高锦恒. 讨论中质疑，探究中解疑：浅谈初中语文课堂教学中的师生讨论 [J]. 读与写（教育教学刊），2016，13（9）：88.

[2] 邹亮. 浅谈如何打造充满活力的初中语文课堂 [J]. 新教育时代电子杂志（学生版），2018（14）：42，51.

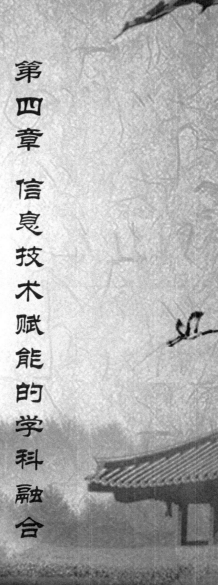

第四章 信息技术赋能的学科融合

19. 信息技术背景下的作文评改实践

海口市第一中学　文瑞芳

摘　要：随着信息技术的不断发展，信息化教学已成为教育发展的必然趋势。本文以作文评改课的实践为例，从多元互动的立体评改、资源整合的专项评改和翻转课堂的升格评改三个方面，阐述了信息技术环境下，作文评改课在评改方式、资源整合、课堂流程等方面的实践探索，以期作文评改课的提质增效，学生作文评改能力的提高，写作能力的提升。

关键词：信息技术；作文评改；教学实践

随着信息技术的不断发展，信息化教学已成为教育发展的必然趋势。在信息技术服务课堂教学和课堂教学借力信息技术的课题研究中，笔者从作文评改教学的方向进行了系列探索实践。

一、作文评改的提效思考

作文评改是作文教学中必不可少的环节，作文评改的耗时、低效、辐射小是不争的现状。"吟安一个字"，尚且"捻断数根须"，写出一篇作文，修改是必经之路，曹雪芹披阅十载、增删五次方成就《红楼梦》。而教师"满纸红批"的"精批细改"与学生的"只看分数即放下"的现状，往往使作文评改陷入付出与期待的效率不对等。学生的"自改"与"互改"，既需要方法指导，更需要评改过程中的即时商讨、建议、启发，这才能避免迷茫时的盲批盲改，也才能避免"自改""互改"的满堂热闹与实施效果的落差，而学力参差等原因，也会导致作文评改课堂中出现"不知何所批""不知何所改"之状，而"效"之寥寥自不待多言。

《义务教育语文课程标准（2022 年版）》在"课程目标"的 7－9 年级学段部分，明确要求学生要"借助语感和语文常识修改自己的作文，做到文从字顺"。《义务教育语文课程标准（2022 年版）》明确学生需要拥有修改作文的能力，强调学生在作文修改中的主角地位，点明教师的"引导"作用，明确导之以"法"之后，学生的写作要达到"文从字顺"。叶圣陶先生曾说："作文教学的最终目的应为，自能作文，不待教师改。"这也强调了作文评改应该是学生的评改，教师在评改活动中应该是组织者、指导者。

"互联网＋"时代，信息技术冲击着传统的作文教学理念和作文评改方式。《义务教育语文课程标准（2022 年版）》在"课程的实施"部分，强调要"积极利用网络资源平台拓展学习空间，丰富学习资源，整合多种媒介的学习内容"，要"促进师生在语文学习中的多元互动"。媒介层面的变革带来作文评改方式的多元化，将一对一或一对多的单向评改方式转向一对多、多对一或互为评改者的多元互动形式。信息技术带来了作文评改的即时性、直观性、互动性变化，带来了作文教学方式、教学流程、资源支持等的变化，带来了翻转学习和远程分享，推动着作文评改方式和作文学习方式的改变，推动着作文学习新局面的展开。

二、信息技术背景下的作文评改实践

作文评改，贵在"评"中明优劣，"改"中修改升格，在评点修改中提高写作能力。关于信息技术加持下的作文评改教学，笔者从以下方面开展实践探索。

（一）多元互动的立体评改

信息技术环境下，作文评改方式已由原本一对一或一对多的单向评改，转为立体网状的多元互动评改，这是一个教师主导下的学生实践的课堂。具体做法如下。

1. 扫描上传习作

可扫描全班作文，发到希沃等平台，也可上传班级教学联机平台共享，也可学生各自将作文拍照或扫描上传，以备互评互改。

2. 发布作文评改任务单

教师先速览全班作文，分析归纳作文优点和存在的问题，制作作文自评互评任务单。任务单针对本次作文要求、学生作品存在的问题、作文训练要点等设计，内容包括如语言顺畅、文章立意、围绕中心选材、逻辑结构、详略搭配、人物描写、记叙议论抒情结合等技法点和本次作文评改的方法及指导。如关于围绕中心组材技法，会在基本的词句运用要求及旁批符号使用要求之外，添加评改任务要求，如①圈出文章的核心词；②简括各事件并写旁批；③将文章中所有事件与核心词关联辨析，删减与核心词无关或关联较远的事件，并以旁批形式附上理由。又如关于材料详略搭配问题的评改任务单，则会添加①简括并旁批各事件；②辨析并确定最能表现文章中心的事件，添加多样化描写以丰满核心事件；③压缩文中非核心事件内容。再如，材料与中心论点关系的问题，评改任务单则添加要求，如①圈出文章中心论点；②辨析删减不能证明文章观点的事实论据或道理论据；③添补事实论据或道理论据。评改任务单指导下的评改活动，以方法引路，但因学力差异、关注差异，作文评改急需多元互动的支持，网络平台和信息技术恰恰服务了多元互动交流，大大地提升了作文评改效率。

3. 互动评改习作

学生浏览同学作品，并在作文评改任务单的指导下开始评改作文。学生可任选一文进行圈画评点，也可选出多篇文章，写出自己的欣赏之词或对作文问题的看法建议。此处的评改，有可能是自评，也可能是互评，还可能是一人评多文，甚至是小群体围评。教师亦在线巡览，可评点学生评改，参与学生评改，参与讨论，或收集评改中出现的问题为总结做准备。信息技术的加持，使得评改过程在动态、实时对话中进行，时效大大提升。

信息技术支持下的多元化多方向化互动评改，一举扭转了作文评改是教师一人的任务这一观念。将作文评改的主动权交给学生，调动学生的参与热情，激发学生的主体作用，培养了学生的辨析、判断、表达能力。而且，因为基础及学力的参差，个别学生可以通过浏览同学们的评改，思考别人如此做的原因，在一定程度上等同于描摹学习；也还有可能是以优带弱的组合同评同改，亦有可能是优生的同文各评，这就有收获美评篇篇的期待了。再者，因为有任务单的指导，学生们的评点有方向可循、有方法可用、有例子可仿，可以说，降低了作文评点的难度。多元互动的网状评改，让优秀的作文脱颖而出，作文者得到激励，看文者得到启发，仿学者有例可仿。

网络平台支持下的多元互动评改，使学生在评点中当"读者"，在习作前当"作者"，在修改中当"实践者"，角色不断变换。学生们借助平台，在评点中、修改中、互动中、合作中，提看法、写建议、交流意见、收获启发，这就是作文评改最直观的实践和学习。

（二）资源整合下的专项评改

信息技术环境下，作文评改内容已经不是词句篇章的程序化，而是根据训练主题、技能学习点、习作共性问题点等，进行资源整合、专项评改。具体做法如下。

1. 收集类文章或视频，为作文评点整合资源

方式①：教师速览学生作文，选定作文评改点，再归纳技点方法，再收集类文经典，为指导学生品读经典、归纳写作方法，甚至是模仿经典、修改作文整合资源。如关于让人物形象"立体鲜活"这一技法点，可收集描写人物的经典段落如《儒林外史》中的范进中举发疯片段、胡屠户在女婿送上六两多银子时惺惺作态的推辞、《红楼梦》中王熙凤未见其人先闻其声的出场场景、《水浒传》中鲁提辖三拳打死镇关西瞬间的寻思心理、梁实秋《我的一位国文老师》对徐锦澄老师的描写等，为指导学生品读范例、学习人物描写方法、模仿运用等整合准备资料。又如关于侧面描写这一写作技巧，可收集文学作品中运用侧面描写的经典片段，如《在烈日和暴雪下》中描写整座城市在烈日下的煎熬,《罗敷》中对罗敷衣着打扮的描写等。组合经典片段,指导品读经典,反复对照,归纳总结描写方法,再回看习作,审视习作,可启发感悟并灵活运用,实现写作能力的提升。

方式②:选取视频资料,播放或技术性反复慢镜头回放,引导学生整体观察、分步观察、步步观察人物连贯性动作,观察人物表情,观察周围环境,甚至按下暂停键,让眼睛的观察与收集印象的大脑同步,或指导学生在暂停时整理观察所得,安排设计描写顺序等。这种回放,还原当时当景,弥补了记忆的遗漏、观察的缺漏,加上"先……接着……然后……"等衔接词,最能升格场面描写不具体的文段。如描写径赛场面,可以截取奥运国手苏炳添竞赛视频或刘翔110米栏奥运赛场视频,利用慢镜头回放,观察人物奔跑动作、眼神变化、嘴型变化、手脚跨度变化等,学习观察整体画面、关注主要部位、关注动态变化、捕捉最精彩瞬间等观察方法;再结合名家文本片段中的描写顺序、裁剪方法、立体穿插等,具体地修改添加作文遗漏之处。这是最具体的最能快速地学会将场面描写具体化、立体化的方法。

信息技术环境下,不管是文本解读或是视频观察,学生的学习可以是自学,也可以是同学间互动,师生间互动,或者从同学的评改中获得启发,即使是基础较弱的学生,多看多仿也能得到提高,抑或是学力上乘同学的评改互飙,也会带来一场作文评点的盛宴。这场盛宴通过互动和辐射产生影响和作用,而信息技术则提供了最直接的技术支撑。

2. 发布作文评改任务单,开启专项修改

教师针对评改训练点撰写评改任务单,指导学生或自改或互改或群改,经过添加删减润色补充等升格习作,学习评点,学习写作。

如"写出人物的精神"的作文评改课,教师在浏览作文阶段发现学生作品中的人物大多为父亲之后,收集初中阶段作品中描写父亲的文章或片段,如《背影》《走一步,再走一步》《台阶》等作品,设计关于突出人物精神的修改任务单,在通读等常规要求之后,添加修改要求和方法,如①圈画并旁批作品中与人物相关的描写或事件;②对照、评点、思辨、删减习作中与人物精神品质无关的描写或事件;③添补能反映人物精神品质的细节或事件,润色修改习作。

任务①的目的在于给予学生直观的材料与中心关系的方法类认识。任务②的目的在于指导审视文章与主旨的关系,删减不能表现人物精神品质的事件或描写。任务③添加或丰满核心材料,丰满人物精神,给予学生知识类方法指导下的修改实践。

信息技术支持下的习作修改,既有经典作品引路,还有同学评改范例,更有师生间、生生间的多元互动,且线上同学评改时的动态精彩呈现,即使是学力较弱的学生,也能从同学的评改中得到启发,这既是多种媒介整合下的学习资源支持,也是网络平台支持下的空间拓展,更是一场评改互动的立体呈现。

(三) 翻转课堂的升格评改

信息技术环境下，作文评改的课堂流程也由教师讲解学生学习，转化为学生视频自学，教师依学生自学情况而组织教学的先学后教方式；而以学习决定权和选择权优先的翻转课堂模式，尤其切合作文评改的学习和实践。

具体做法：第一步，教师针对习作存在的问题或评改方向，制作微视频，列出观看视频知识清单或思考题，并将二者发布在语文学科群。第二步，学生自主观看微视频，提出疑问，并对照习作自改文章。第三步，教师收集修改后的习作及问题，甄选分类修改后的习作及问题。第四步，师生进行课堂评改交流。第五步，学生课后再次观看微视频学习并对习作进行二次修改。

第一步和第二步对学生学习主动性要求较高，但因为是微视频式的图文声像呈现，较直观形象，更能激发学生的学习兴趣，学生的参与度更广，也让评改学习更加灵活。当然，第一步和第二步也可以在课堂上运用，但这就需要再增加一个课时来完成。

以"学习描写景物"的习作评改为例，可制作三个微视频，微视频①：景物叙写和景物描写的片段对比；微视频②：景物描写顺序及立体网状描写的范例欣赏；微视频③：穿插于曲折跌宕的事件过程中的景物描写。接着发布学习要求，学生自主观看微视频学习，并对照视频知识对习作进行修改，同时记录疑问点。教师在收到修改后的习作和疑难问题后，分类选取各典型情况组织课堂作文评改交流。课后，学生再次进行修改。作文的学习，从来都是多读、多看、多写者得，多练作文评改，能力自然得到提升，古人就有"文章不厌百回改"的心得。

微视频让学生得以灵活安排学习时间，也对重复观看思考学习给予技术支持，成为能保存并能随时随地调看的便捷资源；先学后教的翻转式教学，将学习主动权和选择权归还学生，学生可自主规划学习时间、学习方式等。微视频的利用不止于当时当境当班，发布于平台上，其辐射作用绝非一班一校一时，这些都是信息技术加持下的效应。翻转教学方式，根植于以学生为中心的教学理念，改变了传统的课堂教学结构与教学流程，但对学生的自觉性、独立性，对教师的信息技术水平要求都较高。

互联网时代，信息技术环境下，作文评改已不再是教师承包的独活，学生的评改实践才是课堂主线。多元化的互动、先学后教的翻转教学、随时随地调用的视频资源，是作文评改的新态势。期待信息技术的发展，能更大程度地助力课堂教学，提高教学效率。

参考文献

[1] 中华人民共和国教育部. 义务教育语文课程标准（2022年版）[M]. 北京：北京师范大学出版社，2022.

[2] 叶圣陶. 叶圣陶语文教育论集 [M]. 北京：教育科学出版社，2015.

20. 人工智能赋能初中体育课堂教学的效能及其评价

——以八年级篮球大单元教学为例

海口市第一中学 程凤杰 牛指成 谢小鸿

摘　要：在人工智能技术的迅猛发展的背景下，体育课堂教学面临着前所未有的变革，在数智化的时代背景下，体育课堂教学也理应顺应这种大趋势。通过在八年级篮球大单元教学中运用人工智能技术，探索并总结了人工智能赋能初中体育课堂教学的若干效能，并从教育学理论视角对其进行了客观评价。在此基础上，进一步阐述了人工智能技术在初中体育课中应用的若干注意事项。

关键词：人工智能；初中体育课堂；篮球大单元教学

党的二十大报告对办好人民满意的教育作出重要部署，强调要"推进教育数字化"。习近平总书记在主持中共中央政治局第五次集体学习时指出："教育数字化是我国开辟教育发展新赛道和塑造教育发展新优势的重要突破口。"在教育数字化转型过程中，人工智能（artificial intelligence，AI）这一战略性技术的影响与日俱增。在 2024 世界数字教育大会上，教育部部长怀进鹏提出：将实施人工智能赋能行动，为学习型社会、智能教育和数字技术发展提供有效的行动支撑。

美国开放人工智能研究中心（OpenAI）才推出了 ChatGPT 一年多。前段时间，"文生视频"AI 模型 Sora 便横空出世。人工智能的迅猛发展对各个领域的变革产生了深远影响，体育教育领域也不例外。体育教育作为学校教育的重要组成部分，担当着学生全面发展的重要责任，对提高学生的身体素质、培养团队意识和培养学生的综合能力具有非凡的意义，初中体育课堂则是实现学校体育教学目标的主阵地。

在初中体育课堂教学中，篮球作为一项重要的运动项目，具有广泛的普及性，是学生们喜爱的运动，也是培养学生团队合作、协调能力的良好途径。为了更好地利用 AI 技术赋能初中体育课堂，本文将探讨 AI 技术在篮球大单元教学中的运用效能及其评价，以推动体育课堂教学的创新和发展，实现 AI 赋能初中体育课堂教学的目标，提升教学效果。

一、AI 技术在八年级篮球大单元教学中的应用效能

在现代教育体系中，人工智能（AI）技术的融入已经成为一种趋势，特别是在体育教学领域。以八年级篮球大单元教学为例，AI 技术的应用效能主要集中在运动数据分析、智能化测评、实时反馈和教学辅助、多媒体交互和沉浸式学习体验、教学资源和个性化的学习支持等方面，为传统的教学模式带来了显著的改进和创新。

图 1　AI 技术在篮球单元教学中的应用效能

1. 运动数据分析、智能化测评

在篮球大单元教学中，AI 通过收集并分析学生练习和比赛时的投篮命中率、运球速度、传球准确度等运动数据和影像，对学生运动表现做持续跟踪和分析，智能化生成学生每次练习的报告并给出针对性的训练建议和提高方案，用以激发学生体育锻炼的积极性、主动性，增加体育项目锻炼的趣味性。同时在智能化测评时，相比人工更具效率且客观，同时更精确的测试结果为教师提供客观、科学的评估依据，这在一定程度上减轻了体育教师的工作负担。

2. 实时反馈和教学辅助

在篮球大单元教学的学生学习与练习技术环节，AI 系统可以通过摄像头实时捕捉学生的动作，识别出学生是否做到了正确的技术细节，如姿势、步法、肘部弯曲等，识别学生在投篮、运球、传球中的错误或不规范的动作。通过显示分析结果，以图像、声音或文字的形式向学生传递实时反馈的信息。比如，在学生投篮专项训练中，投篮姿势不到位时，系统会根据投篮的技术动作要求发出提示的声音或在显示屏上显示错误动作信息提示。学生可以根据系统的即时反馈进行技术动作的调整，系统同时也会给出训练建议，帮助学生多次练习，形成"练习—反馈—再练习—再改进"的 AI 教学模式，直到学生掌握技术为止。相比传统教学来说，AI 系统在分析学生的动作质量和技术水平

上给学生带来更多直观反馈，同时在教师对大单元教学整体方面提供更多的参考，帮助教师更准确地把握学生的学习进度和教学中存在的问题诊断，以便教师及时做出调整。

在篮球大单元教学的学生比赛环节，AI通过收集课堂中学生篮球比赛的录像，提取关键的动作和技术要点进行分析。比如比赛中学生所运用的投篮技术动作是否规范、投篮时是否存在防守的状态、投篮的命中率如何等方面，追踪学生场上移动情况，标记和绘制出球员的移动轨迹，使学生能够更直观地观察和理解场上的情景，通过情境再现，可以更好帮助学生理解篮球的战术配合，改善技术的运用和提高技术使用合理度等。这里AI分别担任了"教师""教练""练习伙伴"等多重角色以帮助学生提高技术。

在辅助教学方面，AI技术作为一个认知智能模型协助教师管理课堂。例如自动记录学生的出勤情况、表现评价等，减轻教师的行政负担，让他们有更多的时间和精力专注于教学内容和方法的创新。

3. 多媒体交互和沉浸式学习体验

教师通过虚拟现实（VR）和增强现实（AR）等技术手段，将虚拟的篮球场景投影到真实的课堂中，为学生提供了一个沉浸式的学习环境，让他们仿佛置身于真实的篮球场上。首先，这种场景提供了一个非常安全的学习环境，可以大大减少因高风险的动作引起学生受伤的可能性。其次，学生置身于虚拟的篮球场景中，与虚拟的篮球明星或偶像同场竞技，进行互动或对抗。这样的教学环境，大大提升了课堂的吸引力，学生们更愿意主动投入和参与到课堂活动中。这种主动探索和实践的学习过程，使学生在篮球的比赛技巧和战术意识方面的学习效果得到了明显的提升。最后，在虚拟的比赛中，学生需要与虚拟教练和队友进行实时的沟通，以获取比赛的胜利。这对于提升学生团队合作意识、沟通能力、抗压能力等综合素质是大有裨益的。

4. 教学资源和个性化的学习支持

在篮球大单元教学中，教师可以通过利用AI技术及网络平台提供海量篮球教学视频、教学资料和教学案例，让学生可以随时随地进行学习和实践。AI通过分析学生体质状况、身高、体重等数据，预测其潜力、运动能力以及兴趣爱好等个体差异，为其定制合适的篮球大单元学习内容和教学方法，并提供相应的训练计划和指导。这样一来，学生在体育课堂上可以得到更加符合自身需求的个性化的学习支持，进一步提高学习兴趣和积极性。

总之，在篮球大单元教学中，AI为体育教学带来了全新的视角及前所未有的运动体验。

表 1   AI 投篮辅助训练报告

个人基本信息		班级	姓名	年龄	身高	体重	BMI 指数
神投手技术指标	头部	99	综合动作指标				
	手部	100					
	脚部	97					
	腿部	99					
	胯部	98					
投篮距离及命中热点图		备注：圆形为命中球					
综合评价		差		中		优	
个性化提升建议		1. 技术改进措施： 2. 身体素质改进措施： 3. 比赛中使用建议：					

二、AI 技术在初中体育课篮球大单元教学中的应用效能评价

在对 AI 赋能初中体育课堂的教学效果做进一步的分析时，我们通过采集教学实施过程中的相关数据来全面评价 AI 技术的效能，包括学生学习成绩、学习兴趣调查、教学反馈等信息，并针对这些数据进行定量和定性的分析，以便能够更准确地评估 AI 技术在教学中的实际效用。

1. 有效提升学生学习兴趣和动力

在分析学生学习成绩的数据时，我们发现了一个显著的趋势：那些在篮球单元学习中接受了 AI 辅助教学的学生，在技能掌握、战术理解和团队协作等多个方面，都展现出了比传统教学模式下的学生更为出色的表现。这一发现强烈暗示了 AI 技术的引入不仅能够有效地提升学生的学习兴趣，还能够增强他们的学习动力。当学生们对学习内容产生了浓厚的兴趣，他们往往会更加积极地参与到学习过程中，这种积极参与无疑会促

进学生在篮球技能和团队合作方面的能力提升。

2. 大幅增强学生教学参与感和投入度

通过学生学习兴趣调查的分析可以发现，学生对于使用虚拟现实和增强现实等技术进行学习的兴趣明显高于传统教学方式。这种新兴的学习方式，以其独特的互动性和沉浸感，成功地提升了学生的兴趣。学生们普遍表示，通过这些技术手段，他们能够获得更为生动、直观的学习体验，极大地激发了学习热情。

3. 明显提升学生教学评价水平

在教学反馈的分析中，通过收集学生对于 AI 赋能初中体育课堂教学的评价意见，不难发现，大部分学生对于这种教学方式持积极评价。学生认为 AI 技术助力篮球教学，不仅有丰富的教学资源，还通过各项数据量化将运动要领具象化，使得体育课堂更加生动有趣，提升了学习效果和教学质量。学生们也纷纷建议，在今后的教学中，可继续加大对于 AI 技术的应用和探索，不断提升教学效果和学习体验。

三、AI 技术在初中体育课中应用的注意事项

1. 注重学生隐私和数据安全的保护

AI 技术正逐渐融入日常教育教学当中，如人脸识别系统的使用，对于学生的信息采集、存储相当普遍，这无疑会引发学生在隐私和数据安全方面的担忧。无论课内课外，都必须强化学生的信息安全意识。在 AI 技术的使用中，教师需要给予学生正确的引导，以确保其能够真正为学生带来益处，并注重维护学生的个人隐私和数据安全，这也能体现出学生是否具备辨别能力，是否能将信息科技学科素养有效融入其他学科的学习当中。在未来的教学实践中，广大一线的体育教师急需进一步加强信息技术应用能力，为进一步探索 AI 在体育教学中的广泛应用，为学生创造更加合适的学习环境和最佳的学习体验打下坚实的基础。

2. 辩证看待人工智能的发展性和工具性，避免技术异化

AI 技术在初中体育课堂教学中的应用仍然处于初级的起始探索阶段，但未来大有可为：随着技术的快速发展，我们需要进一步完善 AI 技术在体育教学中使用的应用模式和教学设计，充分利用 AI 技术，以实现对体育课堂的技术赋能、技术创新与技术重塑的过程。但同时也需要避免 AI 技术在体育教学中的滥用及对其的过度依赖现象，导致教师角色被边缘化等问题。在未来的教学实践中，我们应注重教师、学生、AI 三者的协同发展关系，处理好"人与人、人与机"的关系，更好地利用 AI，切实提高初中体育课堂教学的质量和效果。

四、结语

无可否认，AI 技术为初中体育课堂带来了一些积极的变化，但同时依然存在着挑战和待解决的问题。随着技术的不断完善和发展，在 AI 赋能初中体育课堂教学的实践中，还有更多可能性等待我们去挖掘和实现。

参考文献

［1］焦以璇. 智能教育来临，教师当未雨绸缪［N］. 中国教育报，2024 - 3 - 3（4）.

［2］黄霖旭，王妙香. 裸眼 VR 开启沉浸式幸福体育课堂"乐"体验：以水平二《建立快速跑正确跑姿的游戏》一课为例［J］. 体育教学，2023，43（9）：62 - 64.

［3］朱悦铭. 智慧操场：AI 大脑助力体育教学科学化［J］. 体育教学，2023，43（5）：83 - 85.

21. 智慧平台助教育"双师课堂"促提升

——"双师课堂"对中学课堂学习效率的影响

海口市第一中学　王东君

摘　要：2020 年 3 月 16 日，教育部发布了《关于加强"三个课堂"应用的指导意见》，意见要求到 2022 年，全面实现"双师课堂"在广大中小学校的常态化按需应用，以推动区域、城乡、校际差距有效弥合，推动实现教育优质均衡发展。"双师课堂"是一种新型的教育模式，它将线上教学与线下教学相结合，为学生提供更加全面、高效的学习体验，为教师提供强大、便捷的培训机遇，这种教学模式的出现，旨在解决传统教育模式中存在的一些问题，提高教育教学质量，促进教育公平，在此过程中也大大提高了教师的专业水平。国家中小学智慧教育平台拥有大量的教育资源和名师课堂，我们可以借助网络平台，运用"双师课堂"教学模式，解决学校师资不足、优质资源匮乏等问题。

关键词：双师课堂；学习效率；教育质量；教育教学；影响

当今社会网络飞速发展，人们的工作和生活日新月异。拿教育行业来说，各种各样新的教育模式不断涌现——"空中课堂""云端学校""线上公开课""双师课堂"层出不穷，说到"双师课堂"，我的第一反应就是教室里有两名教师在上课。的确，以前的"双师课堂"就是指两名教师线下一起授课，而现在处在信息大爆炸的时代，知识除旧布新突飞猛进，互联网时代的"双师课堂"已截然不同，它是指利用网络和信息技术达到名师在线上授课，另一名教师进行线下辅导、课堂管理，对学习状况进行督导、巩固练习、批改作业等，实现一名教师可以带多个教室，一校带多校的教学模式，进行远程教学和互动。"双师课堂"教学模式具有录播和直播两种形式。

2020 年教育部出台了文件《关于加强"三个课堂"应用的指导意见》，鼓励"双师型"学校加强信息化教学，利用互联网将"名师"请进教室，让学生能够享受到优秀的教育师资。

一、"双师课堂"常态化应用

自 2020 年新型冠状病毒疫情暴发以来,从学生、家长到教师、学校管理者,从以前的教学很少用到网络,到开始利用网络直播工具上课、互动,教育领域对教育信息化产品使用率、认知度都在不断提升。因此,应运而生的许多教育信息化产品切入到教学的核心环节——课堂。

自 2022 年国家中小学智慧教育平台正式上线以来,大量的教育资源和名师课堂在平台上随时可用。信息化助力教育现代化最大的优势就是可以使优质教育资源发挥作用。双师课堂可以将更优秀的名师以及不同区域的优质教育资源实行共享,以提高教育教学质量。所以,这一模式或将逐渐成为常态。

二、"双师课堂"存在的意义

(一)"双师课堂"解决的社会问题

1. 提高我国偏远农村地区的教学质量

改革开放以来,对于偏远农村的教育问题已大大改善,九年义务教育逐渐普及,基本上没有上不起学的现象,这是教育的一大突破。但对于农村教育而言,尤其是偏远农村地区的农村教育仍然存在教育建设薄弱的问题,主要有两大瓶颈:一是薄弱学校缺少师资,教育资源分布不均衡,开不出、开不足、开不好国家规定的课程;二是缺少优质的师资,教师教学能力不强、专业发展水平不高,师资水平良莠不齐。针对这些情况,在偏远农村地区实行一师多课堂的模式很有必要。

2012 年教育部首次提出了"三个课堂"的观点,"双师课堂"就是"三个课堂"的重要表现形式,是由国家教育部门推动有效优化农村学校教学能力的重要形式之一,它主要针对农村薄弱学校和教学点缺少师资,开不出、开不足、开不好国家规定的课程的问题,利用网络专门开课或同步上课,按照教学进度推动适合的优质教育资源下沉,促进教育公平和均衡发展。"双师课堂"能将优质的教育资源输入我国偏远的农村地区,使学生能够跨越地域限制享受到顶尖的教育资源,使其拥有高质量的教学。所以"双师课堂"教学模式不仅可以有效地提高偏远农村地区学校的教学质量,促进我国偏远农村地区学生学习高质高效,而且可以促进教育的优质均衡发展。

2. 降低优质教育成本

偏远农村地区的孩子要到城里上学,成本很高。或者是邀请名师来到学校讲授,让孩子们接受更专业的老师辅导,成本也是非常高昂的。"双师课堂"教学模式就是以名师为主，通过网络平台就可以对多个学校的多个班级的学生进行授课。"双师课堂"教学模式大大降低了优质教育的成本。

（二）"双师课堂"对现代教育的影响

1. "双师课堂"对教师的影响

"双师课堂"是一种全新的教育教学模式，是依托于高科技，将线上和线下相结合的高效学习课堂，是一个促进教师发展的良好机会。针对传统的教师授课模式和教研模式中出现的不足，"双师课堂"是一种新的教育教学模式的探索。传统的课堂仅局限于上课教师和听课教师之间的交流和探讨，在"双师课堂"模式下，扩大到了线上优质名师和线下授课教师乃至大部分线下教师之间的交流和探讨，在名师进行线上授课的过程当中，线下教师可将此课作为教学研讨课进行观摩交流学习，也可以扩展交流渠道，利用线上名师进行协同备课和教研活动，向线上名师寻求帮扶。所以"双师课堂"教学模式对教师有着以下具体影响。

（1）促进教师专业成长。"双师课堂"的教学模式，线上辅导教师教学经验丰富、专业性强，线下辅导教师在课堂教学过程中可以吸收名师的教学工作经验，在学习中不断地创新和发展，促进自身能力的提高。尤其是刚上岗的新教师，可以从线上名师呈现的教学大餐中把握教学的一般流程、教材的重难点，学习名师们对教材知识点的处理。中青年教师可以从中体会名师精湛的教学艺术以及个性化的教材处理手法，丰富自己的教学内涵。

在有条件的情况下，可以依托线上教育平台，开展一些线上交流活动，比如国家中小学智慧教育平台中就有不错的资源。借助平台，通过组建网络研修共同体的方式，也可以通过视频会议的方式组织学术谈话，线上名师和线下辅导教师畅所欲言，传递对课堂的看法、对学生的课堂进行反馈，充分发挥名师、名课示范效应，探索网络环境下教研活动的新形态，以优秀教师带动普通教师提升教育教学水平，更大范围共享名师资源，更好地促进教师自身的专业发展。

（2）有利于教师团队的密切合作。线上和线下教师有时为了完成同一节课教学需要共同备课、共同商讨、分工协作，共同优化教学方案。在双师教学中，为了促进紧密合作，从而达到更好的教学效果，两名教师在探讨过程中可以从不同方向、不同角度更好地挖掘教学资源、整合教学资源，这个过程无形中增强了教师的团队合作能力。

（3）促进教研交流。有些教师教育教学能力不够强，专业发展水平不够高，如果将其培养成为一名优秀的教师，耗时长、花费资源多，在培养的过程中如果想既高效又降低成本，不妨依靠双师体系，名师利用网络就可以给全国各地的学生上课，对教师进行培训。针对教师教学能力不强、专业发展水平不高的问题，还可以通过组建网络研修共同体的方式，发挥名师名课的示范效应，探索网络环境下教研活动的新形态，以优秀教师带动普通教师，提升其教育教学和专业水平，使名师资源得到更大范围共享，促进教师的专业化发展。

2. "双师课堂"对学生的影响

网络教育已经存在多年，但是很多网络教育模式都缺少课堂的一个重要环节——互动，就连后来的家庭网课直播课堂也很难很好地解决这一问题，教师对于课堂难以兼顾，课堂效果也大打折扣。"双师课堂"可以较好地解决这一问题，在优质教育资源共享模式下实现师生良性互动，同时通过辅导老师的参与，大幅度提高教室内教师与学生的沟通以及个性化辅导的频次及深度。

（1）提高注意力，增强课堂效果。"双师课堂"比起单纯的线上教育的优势就是它还有一个线下教师，线上主讲教师可以通过视频、PPT等方式，将知识点讲解得更加清晰、生动，帮助学生更好地理解和掌握知识。同时，线下教师会在现场辅导学生并督促学生学习，及时发现学生学习中出现的问题，并且有针对性地对其进行辅导和帮助，形成第二次辅导。具体做法：一是，在学习过程中线下教师会观察学生的注意力，比如是否发呆、是否做小动作、是否随意说话等，及时发现并给予矫正；二是，线下教师注意观察学生外显的学习态度是否端正，比如学生是否积极举手发言、发言时间的问题和回答问题质量的高低、回答问题声音是否响亮等。线下教师的课堂辅导让整个学习过程更加完善、更加有效。

"双师课堂"教学模式，线上授课教师不需要时刻准备应付学生的提问，线下辅导教师，可以有更多的时间兼顾课堂，教学效果和学生的学习效率都大大提升了。

国家中小学智慧教育平台资源丰富，其中也不乏很多名师课程资源。本学期，我在八年级（6）班利用国家中小学智慧教育平台，选择了宋春燕老师的"学画山水画"一课的录播视频，用"双师课堂"的教学模式上了一堂美术课。课前指导学生做好预习、准备好课堂所需工具，课堂上我先以提出问题的方式把学生带入思考中，然后打开国家中小学智慧教育平台课程资源"学画山水画"一课进行名师授课，学生带着解答问题的好奇心去观看线上教师的讲课，宋老师以名画《潇湘图》和《踏歌图》导入课堂，教学生分析画中有什么内容，运用了什么样的造型表现手法等，整个教学过程既轻松愉快，又充实饱满，立刻激起了学生求知好学的欲望，而我作为线下辅导教师在课堂上维持纪律、观察学生的课堂表现，并做适时的指导，关键时刻我还提醒学生做好笔记，发现学生有疑惑的地方，马上暂停录课播放，并给学生讲解，宋老师提问时我会让学生先回答问题，再继续播放视频让宋老师揭晓答案。我发现在这种"双师课堂"教学模式下，违反课堂纪律的行为较平时减少了70%，良好的课堂表现比平时增加了60%，其中积极举手发言的学生比平时增加了50%，随意说话的人次比平时减少了70%，做与课堂无关的小动作的次数也较平时减少了60%。

（2）增强师生、生生之间的互动合作，增强学习效果。在"双师课堂"教学模式当中，师生之间还可以通过线上交流平台进行实时互动，不仅学生可以随时提问、讨论，教师还可以及时予以回答、指导。这种互动的方式不仅可以提高学生学习的积极性，而且有助于培养学生的沟通能力和团队协作精神。尤其是辅导教师一对一和学生沟通的环节，大大弥补了传统互联网直播课学习中教师和学生沟通不足的问题。在提高教育教学质量的同时，也完美解决了在线教育中学习的"习"的问题。

除此之外，"双师课堂"还可以通过线上平台的讨论和线下小组的活动，在学生之间分享观点、解答问题、展开合作探究……这不仅促进了学生之间的交流与合作，还能大大提高学生的学习效果。在与学生互动合作的同时，线下辅导教师也能够及时发现学生在学习上遇到的问题，以便提供针对性的辅导和帮助。在学生完成练习时，线上线下共同辅导，适时点拨，真正实现课堂教学互动，给课堂以活力和激情。

三、"双师课堂"存在的问题及原因分析

打造"双师课堂"需要校方配备电脑、摄像头、网络等基础设施设备，而这些硬件都需要成本，对于三、四线城市或者偏远农村地区而言，经济落后、网络不发达、信息技术设施设备不完善等问题是制约"双师课堂"教学模式应用的一系列问题的关键，同时也是制约学生发展的关键，甚至有些山村学校，虽然全国各地的关怀使得它们的硬件条件已经不错，但师资力量的匮乏使得大量的器材和设备利用不起来，没有教师来教他们使用，这也是亟待解决的一大问题。

可见，"双师课堂"虽然弥补了在线教育的不足，但是想要规模化地发展仍然不容易，还需要不断地完善教育生态，帮助学生提高学习体验和获取知识。从历史经验来看，技术进步和商业模式的进化对教育质量的影响微乎其微，所以，双师课堂即便带着改变教育不均衡的使命而来，而想要实现这个使命依然道阻且长。

总而言之，"双师课堂"教学模式在提高教学质量、促进教育公平、提升学生学习兴趣和学习效果等方面有着显著的优势，随着时代的发展，"双师课堂"将让绝大部分三、四线城市以及偏远农村地区同样能够享受到最优质的课堂教学。其实，真正的"双师课堂"也并非单纯地引入互动直播平台，还需要发挥双师课堂的效应，在教学模式上下功夫，除了引入优质课程、优质资源以外还应具有在线测评等技术，完成"教—学—评"的闭环，让"双师课堂"回归提升教学效果的本质，才能发挥其真正的优势。我相信，随着教育技术的发展和教育理念的更新，今后的"双师课堂"教学模式将会更加完善、更加普及，作为优化教学的有利手段，这一模式在未来也必将大放光彩。

参考文献

［1］王瑞刚. 双师型辅教伙伴式课堂教学模式初探：教师教学实践共同体研究［J］. 基础教育论坛，2016（21）：41－44.

［2］潘耀辉. 双师教学初探［J］. 中国教研交流，2006（5）：51.

22. 以国家中小学智慧教育平台助力初中语文古诗词课堂的个性化教学探索

海口市第一中学　　陈艳

摘　要： 近年来，我国大力支持数字化教育的落实与发展，而国家中小学智慧教育平台就是数字化与教育融合的一个重要平台。在初中语文教学中，教师可以将原本较为困难晦涩的古诗词教学与数字化教学相结合，在国家中小学智慧教育平台的支持之下创新古诗词教学的模式，让学生能够对古诗词的内容有更加丰富的理解和认识，并以此为基础，延伸出各种各样充满趣味的数字任务和数字活动，真正在提升学生语文素养和文学素养的基础之上，培养学生的信息素养。本文将围绕国家中小学智慧教育平台支持下的初中语文古诗词的个性化教学这一主题，具体从智慧教育平台与个性化教学入手，探讨相应的教学策略，以提升初中语文古诗词教学的质量与效果。

关键词： 国家中小学智慧教育平台；初中语文；古诗词课堂；个性化教学

在初中语文教学中，古诗词是教育教学的一个重难点，给教师的教学设计带来了诸多困扰，同时也给学生的学习与成长带来了一定的困难。也就是说，初中语文古诗词课堂迫切需要进行创新与变革，使学生更能够理解古诗词的语言、内容、情感等，并从中获取积极的情感。因此，教师有必要在国家中小学智慧教育平台的支持之下创新古诗词教学，以学生学习的个性与特色为基础，促进学生学习能力的个性发展。

一、国家中小学智慧教育平台与初中语文古诗词个性化教学

（一）初中语文古诗词课堂的教学内涵

1. 古诗词的韵律美

古诗词的韵律美，是其艺术魅力的核心所在。它通过平仄的交错、押韵的和谐，以及节奏的起伏，构建了一种独特的音乐性。这种音乐性不仅体现在朗读时的抑扬顿挫，

更蕴含在文字的排列组合之中。韵律的美，是古诗词与生俱来的特质，它能够激发读者的听觉美感，使人在无声的阅读中感受到有声的韵律，从而达到一种心灵上的共鸣和愉悦。这种韵律的美，是古诗词教学中不可或缺的一部分，它要求学生在诵读中体会，通过反复的吟诵，去感受和领悟古诗词的韵律之美。

2. 古诗词的意境美

古诗词的意境美，是其艺术价值的另一个重要方面。意境，是指诗人在作品中营造出的一种超越现实、富有哲理和情感色彩的艺术境界。它通过意象的巧妙运用、情感的深刻表达和哲理的隐喻，使读者在阅读时能够超越文字的表面，进入一个更为深远和广阔的精神世界。古诗词的意境美，要求学生在学习过程中，不仅要理解字面意义，更要深入挖掘诗中的深层含义，体会诗人的情感和思想，从而达到一种心灵上的共鸣和升华。这种意境的美，是古诗词教学中追求的高层次目标，它要求学生在感悟中体验，在体验中领悟。

3. 古诗词的文化美

古诗词的文化美，是其艺术价值的深厚底蕴。它不仅承载了古代文人的智慧和情感，更蕴含了丰富的历史、哲学、宗教和民俗等文化元素。古诗词的文化美，要求学生在学习过程中，不仅要学习诗词的文学知识，更要了解其背后的文化背景和历史意义。通过学习古诗词，学生可以接触到古代社会的风俗习惯、哲学思想和价值观念，从而拓宽视野，增进对中华文化的理解和认同。这种文化的美，是古诗词教学中不可或缺的一部分，它要求学生在学习中感悟，在感悟中成长。

4. 古诗词的品质美

古诗词的品质美，是其艺术价值的内在体现。它体现在诗人的品格、诗作的风格和诗境的高洁。古诗词的品质美，要求学生在学习过程中，不仅要欣赏诗词的外在美，更要体会诗人的内在品质和诗作的道德追求。通过学习古诗词，学生可以感受到诗人的高尚情操、坚定信念和对美好事物的追求。这种品质的美，是古诗词教学中追求的道德教育目标，它要求学生在学习中感悟，在感悟中提升自己的道德修养和人格魅力。这种品质的美，是古诗词教学中不可或缺的一部分，它要求学生在学习中内化，在内化中升华。

（二）初中语文古诗词课堂个性化教学的必要性

在当代教育的背景下，个性化教学已成为提升学生学习效率和质量的关键途径。对于初中语文古诗词教学而言，个性化教学的必要性体现在多个层面。首先，古诗词作为中华文化的重要组成部分，蕴含着深厚的历史文化内涵和审美价值。通过个性化教学，可以针对学生的兴趣和认知水平，提供适宜的学习内容和方法，使学生能够更加深入地理解和感悟古诗词的意境与韵味。其次，个性化教学能够激发学生的学习动力，通过符合其个性特点的教学策略，增强学生的学习主动性和创造性，从而在学习过程中形成独立思考和批判性思维的能力。此外，个性化教学还能够帮助教师更好地把握学生的学习状态，及时调整教学策略，实现教学目标的精准对接，提高教学的有效性。

（三）国家中小学智慧教育平台助力下初中语文古诗词个性化教学优势

国家中小学智慧教育平台的建立，为初中语文古诗词的个性化教学提供了强大的支持和便利。这一平台的优势在于其强大的数据处理能力和丰富的教学资源。首先，平台能够根据学生的学习数据，智能分析其学习习惯和能力水平，为教师提供精准的教学建议，实现教学内容和方法的个性化定制。其次，平台提供的多媒体教学资源丰富多样，包括视频、音频等，这些资源能够以生动直观的方式呈现古诗词的背景和意境，极大地丰富了教学手段，提高了学生的学习兴趣和参与度。再者，平台的互动功能，如在线讨论、实时反馈等，能够促进师生之间以及学生之间的交流与合作，增强学习的互动性和实践性。最后，平台的智能评价系统能够对学生的学业进展进行实时监控和评价，帮助教师及时了解教学效果，为教学调整提供依据，确保教学活动的高效性和针对性。

二、以国家中小学智慧教育平台助力初中语文古诗词个性化教学策略

随着信息技术的迅猛发展，教育领域也在不断地探索如何利用先进技术提升教学质量和效率。其中，国家中小学智慧教育平台以其独特的优势，为初中语文古诗词教学提供了有力支持，推动了个性化教学策略的实施。

（一）应用智能分析工具，了解学生学习需求

在现代教育的浪潮中，智能分析工具的运用成为个性化教学的有力支撑。通过这些工具，教师能够对学生的在线学习行为进行细致的观察和分析，从而准确把握每个学生的学习特点和需求。具体来看，教师可以追踪学生在智慧教育平台上的学习轨迹，发现哪些古诗词内容学生掌握得较为牢固，哪些则需要进一步加强。此外，智能分析工具还能揭示学生的学习习惯和偏好，比如他们更倾向于视觉学习还是听觉学习，喜欢独立学习还是小组合作。这些信息对于教师来说是宝贵的资源，它们帮助教师设计出更加符合学生个性的教学方案，确保教学内容和方法能够精准地满足每个学生的实际需求。

比如在讲解《行路难·其一》这首诗之前，由于本首诗与黄河冰川、太行碧溪的景色密切相关，所以教师不能直接带领学生去死记硬背这篇古诗，强制学生理解李白在本首古诗中表达出的"行路难"这一情感，而是可以提前借助国家中小学智慧教育平台展开问卷调查，在预习环节中提前了解学生的学习情况与学习需求。通过问卷调查，教师

发现大部分学生对古诗词的兴趣点在于诗歌的意境和背景故事，而非单纯的词句记忆。于是，教师决定以故事化的方式引入《行路难·其一》的讲解，在课堂上借助智慧教育平台的虚拟现实技术，带领学生们"走进"李白笔下的黄河冰川、太行碧溪，让学生在沉浸式的体验中感受"行路难"的意境。根据学生的学习需求和偏好，教师将学生分成几个小组，让他们分别从历史、地理、文学等角度探讨这首诗的内涵，鼓励学生们通过合作学习，深入挖掘诗歌背后的故事。

在讨论过程中，智能分析工具实时反馈学生的互动情况，帮助教师了解各组的学习进度和思考方向。经过一番热烈的讨论，学生们不仅对《行路难·其一》的诗句有了更深刻的理解，还从中感受到了李白面对困境时的坚定信念和豪情壮志。

（二）整合平台信息资源，丰富学生学习体验

国家中小学智慧教育平台汇聚了海量的教育资源，包括古诗词的文本、注释、赏析、相关历史背景等。对此，教师可以利用这些资源，为学生构建一个立体、多元的学习环境。比如，通过视频讲解古诗词的创作背景和作者生平，学生可以更直观地理解诗词的深层含义；利用互动式地图展示古诗词中的地理元素，学生可以身临其境地感受诗词中的自然风光；通过音频资料，学生可以聆听古诗词的朗诵，感受其音韵之美。这些丰富的信息资源不仅能够激发学生的学习兴趣，还能够帮助他们从多个角度深入理解古诗词，从而获得更加全面和深刻的学习体验。

以《白雪歌送武判官归京》这首古诗的教学为例，教师可以在国家中小学智慧教育平台上查找相关的教学资源，将《白雪歌送武判官归京》这首古诗的教学变得更加生动有趣。在课堂上，教师可以播放一段描绘边塞风光的视频，让学生感受诗中"北风卷地白草折，胡天八月即飞雪"的壮美景象，接着通过互动式地图引导学生了解诗中提到的"轮台"地名，以及它们在古代的地理位置和战略意义。在此基础上，教师引入一首与《白雪歌送武判官归京》意境相近的现代歌曲，让学生在聆听中感受古诗词与现代音乐的联系，进一步体会古诗的韵律美，同时组织学生进行分组讨论，探讨诗中所表达的友情、离别等主题，引导学生从不同角度去理解和感悟。

（三）利用平台互动工具，激发学生创意想法

不同于传统互动方式的局限性，智慧教育平台提供的互动工具如在线讨论、问答系统和协作平台，为学生提供了表达自己创意想法的舞台。在这些互动空间中，学生可以自由发表对古诗词的理解和感悟，与其他同学进行交流和讨论。教师可以鼓励学生在平台上发表自己的见解，甚至创作自己的古诗词作品，以此来激发他们的创造力和想象力。

以《酬乐天扬州初逢席上见赠》这首刘禹锡的古诗为例，教师可以在智慧教育平台上发起一个名为"古韵新声"的活动，鼓励学生对《酬乐天扬州初逢席上见赠》进行二

次创作。活动中，学生可以尝试以现代人的视角解读这首古诗，或是发挥想象，将诗中的情景移植到现代生活中，甚至可以创作出与原诗情感共鸣的全新诗句。学生可以在平台上积极发表自己的作品，有的以诗歌形式，有的用故事来诠释，甚至有学生将古诗的意境画成了漫画。一位学生在他的二次创作中这样写道："江畔何人初见月，江月何年初照人。若非群英会上遇，此生遗憾几时匀？"这首诗既保留了原诗的韵味，又融入了现代人的情感。

（四）引入智能评价系统，实时跟踪并精准反馈

智能评价系统能够实时跟踪学生的学习进度和效果，为教师提供精准的反馈信息。这种评价方式超越了传统的考试和作业批改，能够根据学生在平台上的互动情况、学习成果和自我评价等多维度数据，生成个性化的学习报告。教师可以根据这些报告及时调整教学策略，为学生提供个性化的指导和支持。如果系统显示某个学生在古诗词的韵律理解上存在困难，教师可以针对性地提供额外的练习材料或进行个别辅导。这种及时的反馈和调整，有助于学生及时纠正学习中的错误，提高学习效率。

在《过零丁洋》这首古诗的教学中，教师通过智能评价系统生成的报告发现，有一部分学生在理解诗句的意境上遇到了难题，于是，教师决定采用一种全新的教学方式——虚拟实境体验。在课堂上，教师利用虚拟现实技术，让学生"穿越"到了诗中的零丁洋，亲身感受那"惶恐滩头说惶恐，零丁洋里叹零丁"的苍凉与孤独，让他们沉浸在诗的意境中，仿佛能听到风浪拍打船舷的声音，感受到诗人的忧虑与无奈。

（五）组织学生线上自主学习，引导学生自主探究

线上自主学习是个性化教学的重要组成部分，也是学生发展个性、提升学习能力的重要机会。智慧教育平台为学生提供了丰富的学习资源和灵活的学习方式，使他们能够根据自己的兴趣和节奏进行学习。

对此，教师可以设计一系列自主学习任务，如研究性学习项目、古诗词创作挑战等，鼓励学生在平台上自主探究。在这些任务中，学生需要自己查找资料、分析问题、提出假设并验证结果。这种自主探究的过程，不仅能够加深学生对古诗词的理解，还能够培养他们的研究能力和解决问题的能力。在《水调歌头·明月几时有》的教学中，教师可以进一步提出"月文化"研究性学习项目，鼓励学生在智慧教育平台上展开探究，从天文、历史、文学等多角度深入挖掘月亮的文化内涵，学生通过观看视频、阅读文献、参与线上讨论，对中国古代诗人对月亮的情感表达有了更为深刻的理解。

三、结束语

综上所述，教师必须努力对国家中小学智慧教育平台进行开拓，发现一些更具有创

新性和智能化的平台功能，真正将国家中小学智慧教育平台与古诗词的个性化教学充分融合，使学生能够真正理解古诗词的内容和情感等，进行个性学习、深度学习以及创新应用，提升学生的文化素养和审美素养！

参考文献

[1] 刘邦奇，李新义，袁婷婷，等. 基于智慧课堂的学科教学模式创新与应用研究 [J]. 电化教育研究，2019，40（4）：85-91.

[2] 龚奕刚，惠恭健. "互联网＋"环境下教师智慧学习平台模型的构建 [J]. 江苏教育研究，2019（1）：56-60.

[3] 张丽花. 初中语文教学中的个性化阅读教学探讨 [J]. 课程教育研究，2018（28）：85.

[4] 周家玉. 个性化视角下的初中语文阅读教学研究 [J]. 语文教学通讯·D刊（学术刊），2018（2）：24-26.

[5] 李文秀. 解析初中语文古诗词个性化教学策略 [J]. 课外语文，2019（33）：55，57.

[6] 陈苏妮. 初中语文古诗词群文阅读的实施策略初探：以李清照诗词教学为例 [J]. 语文教学之友，2023，42（3）：37-39.

23. 基于项目式教学的初中计算思维培养研究

——以 Arduino 智能湿控系统设计为例

海口市第一中学　宛士伟

摘　要：有效培养初中学生的计算思维，需要选择合适的技术手段和教学活动。从真实情境入手，并以学生自主构思和动手操作为驱动，项目式学习通过"定义问题—计划—实施—评估—讨论—优化"的完整过程，实现与计算思维培养互相促进的双螺旋式提升。本研究基于 Arduino 智能湿控制系统的设计，探索了在项目式学习中培养初中学生计算思维的教学策略。

关键词：信息科技学科；计算思维；项目式教学

《义务教育信息科技课程标准（2022 年版）》（以下简称《课标 2022》）明确将计算思维作为信息科技课程培养的核心素养之一。具体而言，计算思维涉及抽象、分解、建模、算法设计等思维活动，是指学生能运用信息科技学科领域的思维方法，解决现实中的具体问题。具备计算思维的学生能够对问题进行抽象、分解并建立模型，并通过设计算法来解决问题；他们能够模拟、仿真和验证解决问题的过程，反思和优化解决方案，并将这些思维和能力迁移到其他问题的解决中。培养计算思维需要适当的技术手段和教学活动。计算思维正在成为推动生产、创新工作和思维方式的重要工具之一，在许多发达国家得到广泛认可。许多研究都着重于在不同学科的课程中广泛培养计算思维。近年来，计算机科学不再被视为局限于一个独立学科或教学领域，而是在不同领域和活动中得到广泛应用。《课标 2022》倡导真实性学习的理念，以真实问题或项目为驱动，鼓励学生通过实践来学习、做中学、创中学。项目式教学理念与《课标 2022》中关于7－9 年级计算思维学段特征相契合，将项目式教学与计算思维培养有机融合具有重要意义。然而，计算思维和项目式教学在初中信息科技学科教学中的整合并未得到广泛采用。因此，如何设计有效的教学和研究方法，结合适当的学习策略进行教学，是一个值得探讨的问题。

一、计算思维培养与项目式教学

（一）计算思维

计算思维最初被定义为通过从计算机科学中获取基本概念来解决问题、设计方法和理解行为的能力。Berland 和 Wilensky 认为计算思维是一种以计算机为工具进行思考的能力。近年来，学者更新了计算思维的定义，将其定义为可以由计算机代理有效执行的解决方案的思维过程，这一定义已被广泛接受。在最新的研究中，提出计算思维是一套认知工具，帮助人们将困难的任务分解为易于解决的子任务。它有助于设计算法、解释数据以及分析问题解决的正确性、效率和美观性。

（二）项目式教学

项目式教学理念认为，知识必须在一个真实的背景下呈现。项目式教学是一种激励学生学习、培养学生协作能力的教学策略，通过鼓励学生开展相关项目，为学生在整个学习过程中提供一定程度的自主学习、探索和调查。它以一个指导性问题驱动学习目标和整体教学活动，能够帮助学生构建知识体系和发展学习技能。鉴于一个项目是一个需要解决的相对真实的问题，学生可以获得过程技能，教师通过"定义问题—计划—实施—评估—讨论—优化"的过程，帮助学生发展认知和掌握技能。在项目式教学中，学生通常使用他们既有的知识来处理项目中的问题并最终完成任务。相比之下，基于问题的学习更注重解决问题的过程，而不是完成项目。在项目式教学中，项目更像是一个学习的载体，而非追求的结果。

（三）计算思维培养与项目式教学的关系

计算思维培养与项目式教学具有内在逻辑统一性，二者通过"问题驱动—实践建构—反思迭代"的闭环路径形成教育协同效应。项目式教学以真实情境中的复杂问题为起点，为学生创设沉浸式探究场域，使其在分解任务、设计解决方案的过程中自然渗透计算思维的核心要素。面对开放性项目主题时，学生需运用抽象思维剥离非本质信息，通过模块化分解将宏观问题转化为可操作的子任务，这种结构化处理能力正是计算思维中"分解模式"的直观体现。在方案实施阶段，学生借助算法设计、逻辑建模将理论构想转化为具体实践，如在编程调试或数据可视化环节，既需要精准识别问题模式，又需运用条件判断、循环控制等基础算法结构，完成从思维建模到技术落地的双重跨越。项目中的持续测试与优化则推动学生突破线性思维，在动态反馈中理解系统要素的关联性，培养多维度评估与迭代改进的认知能力。这种"做中学"的实践机制不仅使抽象的计算思维要素外显为可观测、可评价的行为成果，更通过"实践—反思—重构"的认知循环促进思维能力的螺旋式发展，最终形成以计算思维指导项目实践、以项目实践反哺思维深化的共生关系。

二、基于项目式教学的计算思维培养模式

基于项目式教学的计算思维培养分为"项目准备—项目设计—项目实施—展评反思"四个阶段，通过闭环运转和循环迭代，实现核心素养的迁移。

（一）项目准备

在此阶段，教师的主要任务是根据教学内容、学习目标以及课程标准，结合学生的知识背景和最近发展区，构建一个具有挑战性的学习项目。该项目的情境应当具备复杂性和真实性，能够与学生已有的知识、经验和社会生活密切相关。

学生在教师的指导下需要收集相关信息，并将其与已有的知识和经验相结合。他们需要感知和理解具体情境，同时考虑问题的复杂性和多样性，明确问题的目标，界定问题的概念和范围，同时意识到存在的限制条件。

（二）项目设计

在这一阶段，学生需要在之前的环节基础上进行进一步操作。他们需要对项目中要解决的具体问题进行细化和拆解，了解问题的普遍性，把握其关键特征，并有针对性地自主学习所需的知识，进而制定设计方案。通过权衡比较多个方案，循环迭代并形成最优方案。在此过程中，教师需要为学生的方案制定提供适当的支持和指导。

（三）项目实施

在一定的逻辑规则下，学生根据前一阶段的方案，制订实施计划和内容流程，并专注于提高质量和效率、减少冗余步骤，利用技术工具构建模型。这个阶段让学生掌握核心知识技能，加深学生对于核心概念的理解。在这个阶段，主要培养学生的动手能力，知识目标是对各种选用材料的性能的了解，使用绘图软件进行图纸绘制，控制程序的设计以及加工制作等。

此外，本环节还需要对构建的模型进行测试，并根据测试结果重新审视设计方案，以确定是否满足要求。如果设计要求未达到，就需要分析原因。这可能需要学生重新回顾问题的场景，重新抽象和分解，寻找问题解决或优化的方法，更新方案设计，重新构建模型，并再次进行测试和改进。

（四）展评反思

在展评反思阶段，学生展示自己的设计成果，通过阐述作品的设计思路和过程，回答同学和教师的问题，倾听意见、建议。在开放的交流和真诚的互评中，根据评估和反馈，重新审视自己的设计，实现知识内化和能力迁移的最终目标。

三、以 Arduino 智能湿控系统设计为例的计算思维培养

以互联网为首的智能家居已经步入家庭，在生活中因为经验不足或没有时间，无法很好去培育盆栽，所以需要一款智能湿控系统。其原理与智能家居场景中的安防系统、家电控制、环境监测等密切相关，学生对其具有一定的了解和认知，同时，智能湿控系统涉及中学物理、生物等知识。该项目的设计既来源于生活，又不脱离学生既有知识体系和水平，且具有一定的挑战性。

（一）项目准备：选定主题，界定问题

本项目以学生分组合作的形式完成，采用 Arduino 平台。项目强调学生的自主学习，突出学生在项目设计和制作过程中的主导作用。

在这一环节，我们界定问题并分析具体实例，了解当前浇水装置存在的问题，思考如何实现浇水系统的自动控制。

首先，教师根据学习目标、教学内容，结合课程标准、学生经验和其最近发展区，创设一个目标明确的设计项目。当前，很多家庭热爱花卉种植，但有时外出旅行或出差，花卉无人照看导致脱水、死亡，而市面上现有吸水花盆和渗水器这类采用渗水原理的装置都有一个通病，即盆土长时间潮湿、不透气对根系生长不利，只适合不怕烂根的植物。为了解决这一问题，需要开发一款适合智能家居环境的湿控系统，在无人管理的情况下，根据土壤湿度自动地、智能地完成浇水的任务。

然后，学生在教师的引导下对获取的材料进行深入分析。这一环节注重学生对具体问题情境的感知，对于学生形成清晰的设计需求、目标至关重要。了解有关智能湿控系统、单片机、传感器、蜂鸣器等的工作原理知识。

（二）项目设计：分析问题，设计算法

这一环节的任务是分析问题、设计算法，在问题解决过程中，将问题分解为可处理的子问题，并通过设计算法形成解决方案。

梳理智能湿控系统的设计需求，鼓励学生开发抽象思维，将具体问题分解成若干个子问题，以小组为单位，小组成员之间应对要解决的问题达成理解上的共识，并且描述表达清楚需求，抽象提炼系统子模块的关键功能等。湿控浇水系统包括土壤湿度传感器和水泵，在土壤中放置土壤湿度传感器，当土壤湿度低于阈值时，系统自动打开水泵开始浇水；当土壤湿度达到了阈值时，系统自动关闭水泵。通过实时数据反馈，及时可控地为植物浇水不仅方便快捷，还节约了水资源。通过对问题进行分解和分析需求，可以将智能湿控系统分解为若干子模块，如图 1 所示。

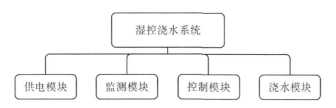

图 1 智能湿控系统模块

通过分析需求和抽象细化子任务,学生形成了基本设计思路,教师在此基础上为学生提供"脚手架",传授必要的软硬件知识。学生在小组中通过合作,探讨形成多个创意方案,并运用计算思维比较方案的优劣,如测试当土壤湿度低于阈值时水泵是否工作,测试当土壤湿度等于或高于阈值时水泵是否停止工作等,从而形成最终设计方案,包括系统流程图等,如图 2、3 所示。

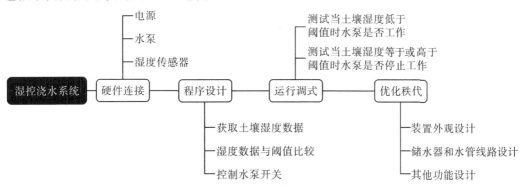

图 2 智能湿控系统最终设计方案

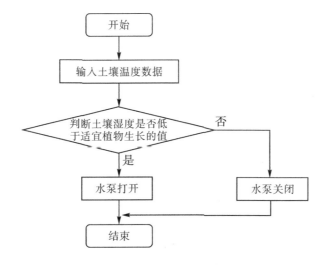

图 3 智能湿控系统流程图

（三）项目实施：合作探究，验证优化

这一环节中，主要任务是验证与优化，尝试验证自动浇水系统的效果，反思、优化自动浇水系统，了解反馈对系统优化的作用。

在本环节中，学生使用 Fritzing 绘制智能湿控系统的模型图，分组讨论具体的制作步骤和操作计划。使用必要的加工工具如锯床、钉枪、切割机等，进行电路连接，还要使用米思齐进行编程，利用传感器实现智能湿控系统的功能。在这一环节中，学生将通过设计制作深入理解诸如条件、事件、纠错等的意义，培养计算思维。本项目中涉及的具体计算思维如表 1 所示。

表 1　湿控系统设计项目涉及的计算思维

计算思维	具体表现
顺序	严格按照程序所规定的顺序执行，确保程序运行的封闭性和可再现性。
条件	对湿控系统是否加湿，只有当湿度达到设定的条件时才进行。
循环	反复检测传感器输出状态以决定是否启动执行器工作。
事件	控制器通过读取传感器状态数据，实现对加湿器的控制。
并行性	同时执行水泵、湿度传感器的自动控制程序代码。
运算	使用大于/等于/小于运算符将传感器检测值与设定值进行比较运算，使用"映射"将湿度传感器检测值转化为百分值。
重用	重复使用控制湿度传感器代码。
纠错	程序调试中发现错误并予以纠正。

完成智能湿控系统的模型搭建后，下一步要对系统进行测试和评估，主要测试两个方面，一是智能湿控系统是否在湿度降低到预设湿度时自动开始工作，通过自动控制达到预设目标，即智能湿控系统的可用性；二是在规定时间内智能湿控系统能否达到设定的湿度，即智能湿控系统的有效性。测试中发现问题，学生要分析问题原因，反思方案，重新优化设计，然后再次建模并评估测试。

（四）展评反思：交流互动，转移创新

最后，要求学生能清晰完整地表达项目作品的设计意图、个人收获和反思，并尝试将这一解决问题的方案迁移运用于解决其他同类问题。

整个教学采用过程性评价，即根据课程目标（课标中的内容要求、学段目标），使用观察、提问、记录等方式，对学生的价值观念、学习态度、活动行为、交流合作和技能掌握等做出评价。例如：项目设计方案图、项目规划图、程序设计流程图、展示海报等形式。

四、总结与展望

项目式教学与计算思维培养具有协同性，通过项目式教学培养学生的计算思维，可以激发学生的创造力和主观能动性，二者可以互相促进提升。通过研究，进一步探索了项目式教学培养计算思维的具体策略。首先，确定计算思维培养的具体要素，将分解、抽象、建模、迭代等要素融入教学目标的设计中；然后，科学设计教学活动，项目的具体设计应与计算思维的培养要素具有对应关系，让学生通过解决具体场景下的实际问题，养成运用计算思维解决问题的能力；最后，项目结束后，教师要总结和改进教学策略，对项目式教学进行优化，旨在更好地实现培养学生计算思维的教学目标。

参考文献

[1] 彭少霞. 新课标背景下初中信息科技计算思维的培养策略研究 [J]. 中国现代教育装备，2023 (6)：37 - 39.

[2] 李芒，杨宇轩. 人非机器：对计算思维本质的认识 [J]. 开放教育研究，2023，29 (2)：55 - 60.

[3] 王佑镁，南希烜，李宁宇，等. 编程韧性：数字时代计算思维培养的新议题 [J]. 现代教育技术，2023，33 (2)：14 - 23.

[4] 高修梅. "互联网＋"背景下高中信息技术教学中项目式教学模式研究 [J]. 中国新通信，2023，25 (4)：123 - 125.

[5] 陈宏斌. 面向计算思维培养的项目式学习的教学模式研究 [J]. 中国教育学刊，2023 (S1)：159 - 160，163.

第五章 基于教学评价改革的作业设计研究

24."教—学—评"一体化单元整体教学之读写联动课探索

——以七下第一单元"写出人物精神"为例

海口市第一中学　王槐珂

摘　要："教—学—评"一体化单元整体教学之读写联动课，以素养为导向，建构"真实性情境—引领性主题—进阶式目标—结构化任务—递进性活动—生成性成果—全程式评价"的作文教学模式，体现了以学生学习为中心的情境性、综合性、实践性、开放性、多元性的课堂建构，促进了"教"与"学"双边互动与共进，促进了"读"与"写"的和谐共生，改善了作文教学"少、慢、差、费"的现象，提升了学生的核心素养，落实了课程目标。

关键词："教—学—评"一体化；单元整体设计；读写联动

作文占语文的半壁江山。作文教学是语文教学中的重点，却普遍存在耗时多、提分少、见效慢的现象。作文教学现状令人担忧，从教师层面来说，多随性而为，教学内容碎片化严重，无序而混乱，缺乏专题性、系统性、序列性的层进式的写作指导；从学生层面来说，作文选材立意老套，偏题离题，中心不突出，详略不当，缺乏生动细节，缺少真情实感，语言表达平淡、缺乏感染力等的情况比比皆是。当下作文教学不容乐观，极少有基于学情经过反复实践形成的相对稳定的可操作的有效的写作课型。以新课标理念为导航，本人经过反复实践，探索出一种"教—学—评"一体化单元整体教学之读写联动的课型，可为作文教学指明路径，为一线教师提供参考与借鉴。

一、理念依据

（一）"教—学—评"一体化的理解与认识

各个学科的课程标准都提出了要注重实现"教—学—评"一致性的原则。《义务教育语文课程标准（2022 年版）》课程理念中就明确提出"倡导课程评价的过程性和整体性，重视评价的导向作用"，并强调"课堂教学评价是过程性评价的主渠道。教师应树立'教—学—评'一体化的意识，科学选择评价方式，合理使用评价工具，妥善运用评价语言，注重鼓励学生，激发学习积极性"。所谓"教—学—评"一致性，是以教学目标为导向的一种将教学过程和学习评价相结合、双边共进的教学方法，不仅明确了"为什么教""教什么"，而且强化了"怎么教"的具体指导。"教—学—评"一致性即教学、学习、评价不是孤立的，而是三位一体，即"教—学"一致、"学—评"一致、"教—评"一致，三者相辅相成持续镶嵌于教学过程之中，且以学习目标为导向，以学习任务为载体，以学习评价推进学习进程、检测学习效果及目标的达成度。通过多样评价过程和结果发现问题及时跟踪，对学生个体进行反馈，提出针对性的指导意见，以此促进学生反思性学习过程，改进学习方法，从而促进教师的教与学生的学，提高课堂效率。

（二）单元整体教学的理解与认识

《义务教育语文课程标准（2022年版）》课程实施建议中指出"体现语文学习任务群特点，整体规划学习内容"，并特别说明"依托学习任务整合学习情境、学习内容、学习方法和学习资源，安排连贯的语文综合实践活动，注重语文与生活的结合，注重听说读写的内在联系，追求语言、知识、技能和思想感情、文化修养等多方面、多层次发展的综合效应"。由此，单元整体教学是指教师本着对整体教学活动进行系统规划，努力整合整个单元的文本资源和语文知识资源，综合运用阅读与鉴赏、表达与交流、梳理与探究等多种学习方式，设计单元学习的大任务和连贯的学习过程。单元整体教学追求多元效应，以主题为统领，以结构化的方式，在指引学生完成一个又一个具有内在联系的逻辑性、层次性的学习任务中，促进学生深度学习，是对当下素养本位的新课程理念最好的回应，是全面提升学生核心素养的行之有效的新探索。

二、实施路径

基于"教—学—评"一致性的课程理念，基于新课标明确提出在课程内容的整合的过程中"注重听说读写的整合"的教学建议，本人探索了以读促写、读写共生促进学生写作水平提升的"教—学—评"一体化读写联动课的一种课型。以统编初中语文教材七下第一单元"写出人物精神"为例，具体实施步骤如下。

（一）创设情境，主题引领

新课标课程实施教学建议提出"创设真实而富有意义的学习情境，凸显语文学习的实践性"。强调语文学习情境源于生活中语言文字运用的真实需求，服务于解决现实生活的真实问题。密切联系生活实际，创设学习情境，建设开放的语文学习空间，引导学生在日常生活场景和社会实践中学习语言文字运用，解决生活中的实际问题。由此，依据"教—学—评"一致性及单元整体教学的理念，"主题""情境""目标""任务""评价"应为单元整体教学的要素。

七下第一单元主要讲述名人的故事，展示名人的风采。《邓稼先》记叙了卓越的科学家、爱国者邓稼先为我国成功研制原子弹等核武器所做出的重大贡献；《说和做——记闻一多先生言行片段》记叙了充满爱国热情的诗人、学者、民主战士闻一多的事迹；《回忆鲁迅先生（节选）》回忆了伟大的文学家鲁迅先生日常生活的细节；《孙权劝学》记载孙权劝说吕蒙学习的故事。这些文章人文内涵丰富，各有侧重地写出了名人的品格、气质，值得我们细细揣摩；在篇章结构、语言形式等方面也都各有特色，可以细读、积累。聚焦"写出人物精神"，可向本单元的经典之作学习如何写出人物精神的技巧，以读促写，读写互通。

依据"创设真实而富有意义的学习情境，凸显语文学习的实践性"的课程理念，课前本人播放本校正在进行的建校 73 周年暨第二十七届校园文化节宣传视频，并适时创设真实情境："最美人间四月天，我们又迎来了一年一度的校园文化节，文化节节目异彩纷呈，各美其美，美美与共，接下来学校团委准备制作一期'最美少年'宣传片，特向广大同学征集稿件，请你积极参与，为校团委推荐一名身边的'最美同学'，并写出你心中最美同学的精神风貌。"以此作为本课学习的核心任务，确定学习主题"写出人物精神"，而如何写出人物的精神呢？接着本人引领学生走进第一单元璀璨的"人物星空"，领略名人风采，探索写作的奥妙。

以统编教材为依托，创设情境，主题引领，建设开放的语文学习空间，以单元选文与写作专题为学习资源，读写联动，用好教材教写作，向教材学习写作，学以致用，可谓引导学生在日常生活场景和社会实践中学习语言文字运用，解决生活中的实际问题。

（二）明确目标，设置任务

美国教育学家安德森提出"教—学—评"一体化教学原则：第一，我要把学生带到哪里（学习目标）？第二，我怎样把学生带到那里（策略和过程）？第三，我如何确定已经把学生带到那里（评价与反馈）？

一节课犹如一段航程，教师是舵手，最要紧的是清楚要把学生带到哪里去，这便是学习目标，是渡轮要抵达的彼岸，而学习目标恰是"教—学—评"课堂教学的引擎，起到指引方向、统领全局的作用。明确了学习主题与学习核心任务，从学情出发，基于教材要求，可确定本课的学习目标为：1. 学习本单元课文，精读片段，把握文章记人的共同规律。2. 学习选取典型事例，运用细节描写、叙议结合等手法来表现人物精神。以目标为导向，且呈现进阶式，先学习写出人物精神的方法，再运用方法描摹人物，让"教—学—评"课堂有了明确的靶向，使得学习过程有的放矢，稳扎稳打。

学习目标的科学精准的定位，解决了要把学生带到哪里的问题，明确了前进的方向。而怎样把学生带到那里呢？这就涉及怎么教、怎么学即课堂教学策略和学习过程的问题。为了实现第一个学习目标，本人在前三个课段，即"整体感知课""精读品析课""主题探究课"的基础上，进入第四个课段"读写联动课"，并设定相应的课前学习任务"再读课文，习得技法"。课堂第一步让学生展示交流课前学习任务单，归纳写出人物精神的方法。

表1　"写出人物精神"课前学习任务单

篇目	人物	摘抄	批注（角度：材料选择、描写方法、修辞手法、表达方式、精神品质等）
《说和做——记闻一多先生言行片段》……	闻一多……	（示例）他走到游行示威队伍的前头，昂首挺胸，长须飘飘……	（示例）运用了对神态和外貌的描写，生动形象地描绘了闻一多先生作为革命者的从容姿态，表现了闻一多先生大无畏的革命精神……

教材导读提示本单元学习精读。据此，课前可布置学生结合第一单元的课文，精读描写人物的精彩片段，对照课前学习任务单摘抄喜欢的句子，做批注。课上请学生出示课前学习任务单，先小组内交流，再选小组代表在班上展示。分享的学生展示一到两个片段，其余学生进一步补充，选喜欢的片段先读一读，再品一品，畅所欲言，最后归纳写法。这样的课堂，立足核心素养，搭建了文本、学生、教师之间的对话平台，交流感受，碰撞思想，打破传统的单篇的、零碎的格局，组合多篇，交流充分，积极分享，个性表达，见解独到，以读促品，以品带读，从多种角度展示名人风采与个性品质，对比分析，求同存异，最后提炼"写出人物精神"的共同规律，习得技法，由此达成第一个学习目标。

同时，教师可适时提出疑问："闻一多先生的事迹很多，作者为什么只选取六件事来写？"由此进一步指出这六件事把闻一多先生的严谨刻苦的治学态度、无私无畏的斗争精神、澎湃执着的爱国热情、言行一致的高尚人格都充分地表现出来了，最具有代表性。又如，萧红写《回忆鲁迅先生》，捕捉的都是日常生活的一些琐事，但是，作者所选择的点点滴滴却充分表现出鲁迅先生的精神气质，让人看到更有人情味、更真实的鲁迅先生。从而让学生明确"选材要讲究典型性"，写人物一定要精心选择素材，要保证所写内容能够表现出人物的内在精神，甚至可以说，写人物的外在表现，是为写人物的内在精神服务的。对课文的人物精神与表现手法深度解读之后，教师提问"那么，如何写出人物精神？"再引领学生读课本21页第一单元"写出人物精神"，找出"首先，其次，另外"所引起的三个中心句，进一步归纳技法：1. 选用典型事例蕴精神。2 妙用典型细节绘精神。3 巧用对比、衬托显精神。4. 活用正面、侧面描写突出精神。5. 借用抒情、议论等提精神。

"纸上得来终觉浅，绝知此事要躬行。"接下来可引领学生学以致用，实战演练，完成学习任务"运用技法，描摹人物"，以"最美同学"为题，运用技法，写一个 200 字左右的片段，突出人物精神。"读"为输入，"写"为输出，找准"读""写"的融合点，由感性认识到理性认识，由阅读文本到写作规律的把握，读写联动，为写出人物精神奠定了技法基础。

（三）提供支架，达成任务

掌握写作技巧只是写作的第一步，不见得可以下笔如有神。写出传神的人物精神，还需要更进一步的点拨、引领。"教—学—评"一体化单元整体教学提供一定的学习资源，可以帮助学生顺利完成任务目标，明晰怎么做的具体策略。因此，学习支架也是一个不可或缺的因素。为了帮助学生顺利地完成学习任务，需给学生提供丰富的学习资源，如本单元的四篇选文就是极有代表性的写作范文学习资源。此外，让学生动笔写作之前，本人让学生观看一个课前录制的"说说最美同学"的小视频，看看其他班同学眼中的最美同学是谁。以此引起共鸣，激发学生学习兴趣，先听听别人怎么说再动笔写，小视频的加持，为学生提供学习资源，可以开阔思路，然后教师适时点拨：同学们眼中的最美同学，有的品学兼优，有的温文尔雅，有的乐于助人，有的认真负责，你心中的最美同学是谁呢？又具有哪些美好的品质呢？下面让我们拿起笔来写出你心中的最美同学吧。同时出示"写作小贴士"：写人物的理想境界是将外在表现与内在精神合二为一。人物外在表现与内在精神的呈现方式：1. 精神品质＋典型事例（细节），先概括出人物精神特征，再具体描写外在表现加以印证；2. 典型事例（细节）＋精神品质，先写具体表现，再以点睛式的议论、抒情句子概括精神特点。练笔环节还给学生提供参考例文《我的生物老师》，并附上评语：这篇文章中的"生物老师"形象是如何刻画出来的呢？一是抓人物标志性的外在特征，如金耿老师"夹克衫、牛仔裤"的"标准配置"，就表现了其青春洒脱的气质；二是抓能体现人物性情的细节，"笑呵呵"的神情，热切的问询，就可以看出老师的平易近人，以及与学生心理距离之近；三是抓住典型场景，课堂即为老师活动的典型场景，一个精彩的比喻增加了课堂的趣味，老师的幽默风趣也跃然纸上；四是把人物置于事件中，帮学生处理宠物一事，凸显了老师跟学生的平等亲密。

例文结构的呈现方式对应了小贴士中的"精神品质＋典型事例"，而评语给学生提供了写作的角度和思路，让学生有例可援，有据可依，尤其对于基础薄弱的学生，有了学习资源与学习支架的助力，强化了"怎样教"的具体指导，让学生明确了做什么、怎么做，有利于学生自主学习，助力目标任务顺利完成，而不是茫然无从下手，从而大大降低了写作的难度，让学生克服了畏难情绪。

（四）善用评价，检测目标

"教—学—评"一致性不仅要明确为什么教、教什么、怎么教，还要明确教到什么程度。语文课程评价包括过程性评价和终结性评价。妥善使用过程性评价工具，可以检测目标达成度，从中了解教到什么程度。

新课程标准中提出："过程性评价应有助于教与学的及时改进。"评价量表是"教—学—评"一致性课堂中常采用的评价工具，读写联动课中实战演练环节，可采用指向学习目标的包含多个维度的写作评价量表让学生参照评价标准进行写作。完成练笔后学生又可依据量表自评、互评，然后选派小组代表上台展示分享。互动点评环节，学生依据量表，指出展示习作中的优点与不足，提出修改建议，教师还可适时评价、点拨与指导。如有的学生展示的习作末尾缺乏提炼概括的点睛之笔，本人适时点拨"可以仿照《说和做——记闻一多先生的生活片段》结尾句子'他是口的巨人，他是行的高标'提升主旨。"学生豁然开朗，文思泉涌，有的说"她是善的使者，她是美的化身"，有的说"她是同学们的一面镜子，她是美的传播者"，还有的同学诗兴大发"她是暖，是爱，是人间的四月天"……一石激起千层浪，轻轻点拨，一朵云推动另一朵云，一棵树摇动另一棵树，课堂因此而充满美感和诗意。

表2　"写出人物精神"评价量表

写作评价表					
评价指标	评价标准	分值	自评	互评	师评
材料选择	选取典型事例、抓住典型细节，有效凸显人物精神，人物真实可信，充满真情实感	10			
描写方法	运用外貌、动作、语言等描写；在具体的描写中巧用修辞手法；借助对比、衬托、正面描写与侧面描写结合等，在细节中展现人物的性格品质	10			
表达方式	在叙事、描写的基础上，采用抒情、议论的方式，对人物的精神品质进行点睛式的概括	10			

过程性评价应发挥多元评价主体的积极作用。自评、互评、师评，突出多元主体、多种方式的特点。合理使用评价工具，通过多样评价过程和结果发现问题及时跟踪，对学生个体进行反馈，提出针对性的指导意见，促进学生反思性学习过程，改进学习方法，有利于引领学生走向深度学习。

此外，为进一步巩固、拓展和提升，由课内延伸到课外，解决生活中的实际问题，呼应开头创设的真实情境，可布置课后学习任务单为"升格习作，妙笔生花"，分层级任务，以生为本，自主选择相应层级作业，符合"减负提质""双减"作业设计要求，让学生各得其所，各尽其才。其中C层级作业体现了情境性、综合性、实践性，追求听说读写的多层次的综合效应，体现了跨学科学习，有利于提升核心素养，落实学习目标。

表3 "写出人物精神"课后学习任务单

课后任务单		
任务层级	任务要求	任务赋分
A	依据评价量表，修改课堂习作	25
B	巧用典型事例、善用生动细节，抓住人物精神，将课堂习作升格为一篇不少于600字的文章	50
C	以习作为文稿，穿插图片、视频、音乐、朗诵等素材，制作2分钟左右的"最美同学"视频短片，发送到校团委宣传栏目组	100

三、总结反思

综上所述，新课程背景下，"教—学—评"一体化单元整体之读写联动课的课型模式可建构为：真实性情境—引领性主题—进阶式目标—结构化任务—递进性活动—生成性成果—全程式评价。

"阅读是生命体向内的信息吸收和存储，写作是生命体向外的信息倾吐和运用。"读写融合是语文作文教学的重要途径。聚焦核心素养的发展，注重听说读写的整体规划，创设情境，主题引领，目标导向，结构化设计，从课前的"再读课文，习得技法"到课中的"运用技法，描摹人物"至课后的"升格作文，妙笔生花"，任务设置一环扣一环、层层递进。在语文实践活动中，再以学习支架帮助学生逐一打开任务单，以妥善的评价工具来检测教学目标任务的达成度，在一个又一个小任务的完成中将课堂教学推向纵深，体现出连贯性，层层推进，打破了传统单篇教学的固化流程，可促发学生关键能力的多个生长点，犹如一棵大树，适逢春日，枝枝干干都冒出芽儿来，向阳生长。

"教—学—评"一体化单元整体教学之读写联动课例的探索与实施，促进了"教"与"学"双边互动与共进，促进了"读"与"写"的和谐共生，体现了以学生学习为中心的情境性、综合性、实践性、开放性、多元性的课堂建构，改善了作文教学"少、慢、差、费"的现象，提升了学生的核心素养，落实了课程目标。

参考文献

[1] 齐传斌. 语文教学读写融合的生态特质 [J]. 语文教学通讯，2022（14）：17‐21.

[2] 籍欢欢. 读写融合策略进入单元整体设计的教学实践 [J]. 语文教学通讯，2024（5）：59‐61.

[3] 中华人民共和国教育部 . 义务教育语文课程标准（2022版）[M]. 北京：北京师范大学出版社，2022.

25．基于"教—学—评"一体化的初中英语阅读教学探索

海口市第一中学　罗俊娥

摘　要：阐释"教—学—评"一体化的内涵，以外研版初中英语七年级上册 Module 5 My school day Unit 2 We start work at nine o'clock．为例，进行 "教—学—评"一体化教学实践，探究在初中英语阅读教学中如何确定教学目标，开展有效的教学活动，并进行多元化的教学评价。以评促教，以评促学，确保教学目标、学习活动、效果评价的一致性，落实学生的英语学科核心素养。

关键词：初中英语；"教—学—评"一体化；阅读教学

《义务教育英语课程标准（2022年版）》（以下简称《课程标准》）提出英语课程要培养的学生核心素养包括语言能力、文化意识、思维品质和学习能力等方面。阅读是语言学习者的基本技能之一，所以阅读教学起着非常重要的作用，但目前我国的初中英语阅读教学仍存在以下问题和不足：语篇意识薄弱，文本信息碎片化，活动思维偏低，评价方式单一，效果不理想。

一、"教—学—评"一体化的内涵

《课程标准》明确指出：教师要准确把握"教　学　评"在育人过程中的不同功能，树立"教—学—评"的整体育人观念。"教"主要体现为基于核心素养目标和内容载体而设计的教学目标和教学活动，决定育人方向和基本方式，直接影响育人效果；"学"主要体现为基于教师指导的、学生作为主体参与的系列语言实践活动，决定育人效果；"评"主要发挥监控教与学过程和效果的作用，为促教、促学提供参考和依据。要注重三者相互依存、相互影响、相互促进，发挥协同育人功能。

二、基于"教—学—评"一体化的英语阅读教学设计与实施

初中英语阅读教学设计与实施主要分为四步：第一步是教师要深入解读文本，依据《课程标准》，确定主题。第二步是基于《课程标准》、教学内容及学生的英语掌握情况设定合理的、有层次的教学目标。第三步是基于教学目标及学生已有知识设计环环相扣的有意义且贴近学生生活的课堂活动。第四步是根据教学活动制定相匹配的课堂评价方案。下面以外研版初中英语七年级上册 Module 5 My school day Unit 2 We start work at nine o'clock. 为例展开叙述。

（一）解读文本，确定主题

英语课程内容由主题、语篇、语言知识、文化知识、语言技能和学习策略等要素构成，围绕这些要素，通过学习理解、应用实践、迁移创新等活动，推动学生核心素养在义务教育全过程中持续发展。教师可以从单元的主题、内容、文体结构、语言特点和作者观点等进行深入解读，回答"文体的主题和内容是什么？""语篇是如何构成的？""它记载了怎样的价值取向？""作者采用了什么修辞手法？"等问题。

外研版初中英语七年级上册 Module 5 My school day 的主题属于"人与自我"范畴，涉及"生活与学习、做人与做事"中的学校、课程、学校生活与个人感受。它由三个单元组成。第一单元：I love history. 对话谈论了时间的表达方式、所学科目名称，以及喜欢科目的原因。第二单元：We start work at nine o'clock. 介绍了英国的中学生亚历克斯在学校一天的生活。第三单元：Language in use 从听、说、读、看、写全面培养学生综合语言运用能力。本模块的主要语法项目是实义动词（主语为 I, they, we, you）的一般现在时和表示时间的介词（at, in, on）的用法。

基于 what、why 和 how 三方面对 Unit 2 的文本进行解读。what（主题和内容）：本文介绍了英国的中学生亚历克斯在学校一天的生活。why（主题与写作目的）：通过本文学习，了解英语国家学生学校生活的情况，制定自己理想的学校生活时考虑时间安排的合理性，并养成良好的学习和生活习惯。how：本文以第一人称用一般现在时介绍了自己在学校一天的生活。

（二）学情分析

"我的学校生活"是学生们非常熟悉的话题，也是学生比较感兴趣的话题。第一单元学生已经学习了时间的表达方式，前面也已经学习过数字，所以学习本课的内容对学生来说不难。

（三）制定明确的教学目标

基于课程标准、文本解读和学生的学情分析，制定 Unit 2 的如下教学目标。

①根据题目及插图，预测将学习的内容，并能提出关于这位男孩学校生活的问题；（学习理解）

②获取亚历克斯的基本信息，以及他在学校一天的生活的情况；（学习理解）

③基于亚历克斯在学校一天生活的表格内容，用第三人称转述他在学校一天的生活以及对它的评价；（应用实践）

④运用相关的语言表达方式，以小组为单位谈论理想中一天的学校生活。（迁移创新）

以上的教学目标既强调了学习过程，也显示了学习结果，可操作，也可评价，每个教学目标都为下一个目标打好基础，环环相扣，逐步深化，发展学生的核心素养。

（四）基于"教一学一评"一体化的课堂活动与评价

制定好教学目标后，就要进入课堂活动设计环节。课堂活动的设计能否满足学生的需求，能否关注到每位学生，能否帮助学生达成教学目标，将直接影响到学习效果。所以课堂活动要和教学目标保持一致，同时对照教学目标和课堂活动来设计教学方案，并使教学评价贯穿整个教学过程，确保学生核心素养的落实。

1. Review and present（复习并引出新知识）

复习旧知识引出新知识。从时间的表达方式和学科名称以及喜欢学科谈论到学生一天学校生活的一些动词短语，如：get up, have breakfast, go to school, have lessons, play football, have lunch, go home, have dinner, do homework, watch TV, go to bed, 等等。通过图片把这些短语呈现出来，一边呈现，一边问学生：When do you usually get up? 学生回答：I usually get up at... 学生根据自己的实际情况从短语过渡到句子，也复习了时间的表达方式，教师根据学生的回答，提问其他学生：When does he/she usually go to school? 进行第三人称的练习，让学生初步适应一般现在时第三人称动词的变化。

效果评价：观察学生回答问题的表现，根据说出具体的学科名称及时间表达，以及关于学校生活的一些短语，了解其关于学校生活的词汇储备。

（设计意图：激活学生原有的知识，以旧知识引出新知识，同时还不断地把旧知识与新知识融为一体，让学生对新旧知识有新的建构。）

2. Survey（纵览）

Survey指的是学生浏览文章的题目、插图、图表以及粗体字或斜体字等进行文章内容的预测。教师呈现文本题目及插图，让学生预测语篇内容，同时复习关于学校生活的动词短语。

效果评价：观察学生对关于学校生活的动词短语的掌握情况。

（设计意图：让学生能够根据题目及插图对即将要学习的内容进行预测，激活他们原有的知识，同时提升学生的思维能力。）

3. Question and put the pictures in order

学生根据语篇题目及插图可以预测到是关于一位男孩的学校生活。他们可能会问"What's his name?""When does he get up?"等，学生们分享自己的问题。教师让学生把图片根据自己的理解按时间顺序进行排序。

效果评价：教师观察学生是否往询问该男生的基本信息及什么时间做什么活动考虑，其他学生注意倾听，进行补充及判断表述的正确性。

（设计意图：激发学生阅读的欲望，激活学生原有的知识，培养学生的思维能力，同时因为中国学生与英国学生的作息时间不同，学生会按照中国的作息时间进行排序，阅读时他们会发现中国和英国的作息时间的差异。）

4. Read

学生先快速阅读，查阅自己对插图的排序是否一致，如果不一致他们会思考为什么（他们会发现英国学校的学生上午大课间时间比较长，大课间他们会到操场踢足球等）。阅读第二遍，了解亚历克斯的基本信息。阅读第三遍提取亚历克斯的作息时间并梳理信息填写表格（表1）。（学习理解）

表1 亚历克斯的上学作息表

时段	时长	活动
上午		
下午		
晚上		

效果评价：让学生说出对插图排序的结果，并观察他们是否发现与文章的排序不一样的原因。让个别学生表述他们的表格信息，其他学生进行评价或补充，观察学生回答的准确性。

（设计意图：让学生阅读，查阅他们对插图排序的正确性，让学生了解、提取并梳理关于亚历克斯的作息时间。）

5. Recite

让学生先自由地大声朗读，提醒学生注意语音语调及情感色彩，同时让学生对亚历克斯的学校生活有进一步的了解，接着以小组为单位合作完成描述亚历克斯的学校生活，可以适当发挥，也可以加上对亚历克斯的学校生活的评价，这时候需要用第三人称单数进行转述，这对学生来说有一定的难度，然后以小组为单位上台展示，其他组的学生认真倾听，根据评价内容对他们的表述进行补充及评价（表 2）。

表 2　亚历克斯学校生活评价

项目	☆	☆☆	☆☆☆
思路清晰，语言流利，有感情			
人称及时态正确，动词形式正确			
小组有合作，并有本组的观点			

效果评价：学生小组合作时，教师要注意观察每位组员是否都积极参与活动，在准备中是否有互相帮助的好现象，要及时提出表扬。小组展示时，其他组的学生注意倾听，并能及时给出有建议性的评价，本组的组员也可以针对自己组员在合作中的表现给出评价。学生在自评与他评中不断反思，不断提高。

（设计意图：本阶段的学习活动引导学生在归纳和整理核心语言的基础上，通过合作，运用语言理解意义，掌握程度好的学生还可以进行适当的评价，促进语言内化，从学习理解过渡到应用实践，为后面的真实表达做准备。）

6. Review

学生再次阅读文章，教师提问：1. In what order does the writer organize the passage? 2. How long does Alex sleep one day on weekdays? 3. What do you think of Alex's timetable? Is it reasonable? 学生在回答问题时就会发现文章是按照时间顺序来写的，可以分为三大部分（上午、下午和晚上），同时学生发现亚历克斯每天有长达八个半小时的睡眠，也会思考：英国学生那么早放学，他们一般做什么呢？这时教师给学生提供了一篇关于下午放学后英国学生开展的各种兴趣学习的文章，学生更进一步了解了英国学生重视自己的全面发展，同时也了解我国与英国学生的作息时间的差异。

效果评价：教师观察学生是否能根据时间把文章分为三大部分，观察学生是否意识到足够睡眠的重要性，德智体美全面发展的作息时间表才更有利于学生的全面发展，更为合理。

7. Make an ideal timetable

学生在了解英国学生学校生活的作息时间安排后，对比我国的作息时间，结合我国的国情，以及他们的愿望讨论制定他们理想的作息时间表。小组先讨论，再制定他们理想的作息时间表，小组成员分别上台展示他们理想的学校生活作息时间安排，并阐述其原因。其他组的学生认真倾听，并对它进行评价（表 3）。

表3　作息时间评价

项目	☆	☆☆	☆☆☆
内容丰富、时间安排合理			
阐述时人称及时态正确，动词形式正确			
小组有合作，本组的观点新颖			

效果评价：学生小组合作时，教师要注意观察每位组员是否都积极参与活动，在准备中内容的安排是否全面，时间的安排是否合理。小组展示时，其他组的学生注意倾听，并能及时给出有建议性的评价，本组的组员也可以针对自己组员在合作中的表现给出评价。学生在自评与他评中不断反思，不断提高。

只要教师能准确地把握教、学、评在育人过程中的不同功能，坚持在教学中树立"教—学—评"的整体育人观念，相信学生会在活动及评价中不断探索、不断反思、不断体验英语学习的进步和成功，更加全面地认识自我、发现自我，保持并提高英语学习的兴趣和自信心，做一名德智体美劳全面发展的中学生。

参考文献

[1] 张秋会，王蔷，蒋京丽. 在初中英语阅读教学中落实英语学习活动观的实践 [J]. 中小学外语教学（中学篇），2019，42（1）：1-7.

[2] 王笃. 初中英语有效教学模式 [M]. 北京：北京师范大学出版社，2014.

[3] 葛炳芳. "英语阅读教学综合视野"的理论与实践 [J]. 中小学英语教学与研究，2021（10）：37-43.

26. 巧设情境　分层作业　发展素养

——以"三角函数与实际问题（仰角和俯角）"作业设计为例

海口市第一中学　王健君

摘　要：数学作业是数学教学的课外延伸，是教学环节的重要组成部分，与课堂教学共同构成了一个完整的初中数学教学体系，而中考复习阶段数学作业现状存在诸多不足，需要引起教师的关注和重视。新课程改革背景下的初中数学老师，要重视知识之间的整体关联，注重发挥情境设计与问题提出对学生主动学习的促进作用，精心设计问题情境，通过设置分层作业激发学生深度思考，发展学生核心素养，充分体现作业的教学价值。

关键词：三角函数实际应用；作业设计；分层作业

《义务教育数学课程标准（2022年版）》提出：要注重发挥情境设计与问题提出对学生主动学习的促进作用，通过创设情境，提出能引发学生思考的数学问题或引导学生主动提出合理问题，使学生在问题思考中逐步发展数学核心素养。要实现这一目的，需要关注两个方面的问题：一是情境的设计与问题的提出，二是问题的聚焦与问题链的引领。本文以中考复习阶段的"三角函数与实际问题（仰角和俯角）"作业设计为例，阐述如何以"巧设情境—分层作业—发展素养"为主线，进行数学学科作业优化设计。

一、中考复习阶段数学作业现状

（一）作业量偏大，题型重复单一

在初三中考复习阶段，数学作业量普遍偏大。过大的作业量会导致学生难以全面理解和消化所学知识，反而容易造成学生的厌学情绪。数学作业中的题型往往重复且单一，缺乏多样性和创新性。学生经常面对相同或类似的题目，导致他们无法对所学知识进行拓展和深化。这种作业模式不仅抑制了学生的创新思维，也限制了学生数学能力的发展。

（二）缺乏实践内容，忽视思维训练

数学作业中缺乏实践内容，导致学生难以将所学知识与实际生活相结合。当前的数学作业往往过于注重解题技巧和步骤的掌握，而忽视了对学生数学思维的训练。这导致学生在面对复杂问题时，往往缺乏独立思考和解决问题的能力。思维训练是数学教育的核心，应当贯穿于整个数学学习的过程中。

（三）学生个性化需求被忽略

每个学生的数学基础和学习能力都有所不同，因此他们在作业上的需求也会有所不同。然而，当前的数学作业往往忽视了学生的个性化需求，没有针对不同学生的实际情况进行差异化布置。这导致一些学生无法从作业中获得足够的提升，而另一些学生则可能觉得作业过于简单或过于困难。

为了改善这种现状，我们应当从减少作业量、丰富题型、增加实践内容、加强思维训练、减轻学生负担、提高复习效果、完善反馈机制以及关注个性化需求等方面入手，为学生创造一个更加高效、有趣且富有挑战性的数学学习环境。

《义务教育数学课程标准（2022年版）》在学业水平考试的命题原则中明确提出"以核心素养为导向，要关注数学的本质，关注通性通法"，"题目设置要注重创设真实情境，提出有意义的问题"，而在2023年中考数学中，也增强了应用性的考查，试题内容注重与学生生活、社会实际和科技发展等的联系，侧重考核学生在真实情境中发现问题、运用所学知识分析和解决问题的能力。所以，在平时的数学作业中如何引导学生掌握这类基于情境问题的解题思路和方法，培养学生思维的深度和综合应用能力，值得我们探讨。

二、例谈中考复习数学作业优化设计

（一）以实践操作为核心，实现思维、能力自然生长

中考复习："三角函数与实际问题（仰角和俯角）"作业设计

【问题情境】在校园第73届文化周的综合与实践活动中，王老师把"测量校园楼房高度"作为一项课题活动，各个数学学习小组分别制订了测量方案，并利用课余时间进行了实地测量（表1）。

表1　"三角函数与实际问题"实践操作

一、实践操作

数学1组：（华师大版九上114页练习T2改编） 　　如图，数学1组的小明在实验楼的 C 处测得教学楼 AB 顶部 B 的仰角为 $60°$，底部 A 的俯角为 $68°$，已知 $AD=10$ m，图中所有点均在同一平面内．求教学楼 AB 的高度。（参考数据：$tan68°≈2.5$，$\sqrt{3}≈1.7$）	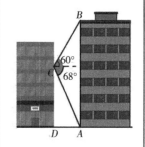
数学2组： 　　如图，数学2组的小莹对宿舍楼 CD 的高度进行测量，先测得椰子树 AB 与 CD 之间的距离 BD 为 20 m，后站在 E 点处测得椰子树 AB 的顶端 A 的仰角为 $45°$，宿舍楼 CD 的顶端 C 的仰角为 $55°$，已知椰子树 AB 的高度为 8 m。（参考数据：$sin55°≈0.8$，$cos55°≈0.6$，$tan55°≈1.4$） 　　（1）$BE=$ ＿＿＿＿＿，$ED=$ ＿＿＿＿＿； 　　（2）求宿舍楼 CD 的高度。	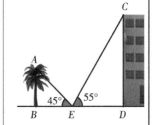
数学3组：（2018海南T22题改编） 　　如图，数学3组的小红在 A 处测得学校古树顶端 H 的仰角为 $45°$，此时实验楼顶端 G 恰好在视线 AH 上，再向前走 10 m 到达 B 处，又测得实验楼顶端 G 的仰角为 $60°$，A、B、C 三点在同一水平线上，求实验楼 CG 的高度。（结果保留根号）	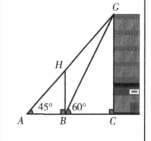

　　本课的作业设计通过开放性的综合与实践活动，把"测量校园楼房高度"这一实际问题以解1个直角三角形为起点，引导学生复习三角函数、仰角与俯角等基础知识，巩固基本技能，掌握并灵活应用三角函数解直角三角形。通过测量方式的改变，问题不断演化，由易到难，由浅入深，初步构建解直角三角形数学模型，实现从基础知识到高阶思维的不断发展，引导学生进一步熟悉相关知识和应用。其中，学生在解决数学3组的问题所用到的方程思想，能进一步帮助学生积累根据条件选择合适方法的经验。

（二）以实践探究为方法，注重学习经验积累

表2 "三角函数与实际问题"情景演变

二、情景演变	
【演变】数学1组：(2020海南T20题改编) 　　如图，数学1组的小亮在教学楼顶部 B 测得实验楼的 Q 处的俯角为45°，在教学楼底部 A 测得实验楼的 P 处的仰角为60°，已知 $QP=15$ m，实验楼与教学楼之间的距离为10 m，图中所有点均在同一平面内。 　　(1) $\angle PAB=$ _____ 度，$\angle QBA=$ _____ 度； 　　(2) 求教学楼 AB 的高度。（参考数据：$\sqrt{2}\approx1.4$，$\sqrt{3}\approx1.7$）	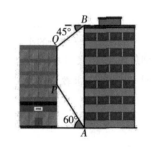
【演变】数学2组： 　　如图，校园内有两幢高度相同的宿舍楼 AB、CD，大楼的底部 B、D 在同一平面上，两幢楼之间的距离 BD 长为30 m，小齐在点 E（B、E、D 在一条直线上）处测得宿舍楼 AB 顶部的仰角为45°，然后沿 EB 方向前进10 m到达点 G 处，测得教学楼 CD 顶部的仰角为30°。已知小明的两个观测点 F、H 距离地面的高度均为2 m，求宿舍楼 AB 的高度。（参考值：$\sqrt{2}\approx1.4$，$\sqrt{3}\approx1.7$）	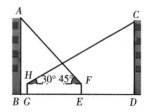
【演变】数学3组：(2016海南T22题改编) 　　如图，在实验楼 CG 的正前方有一斜坡 DB，$DB=10$ m，坡角 $\angle DBA=30°$，小林在斜坡下的点 B 处测得楼顶 G 的仰角为60°，在斜坡上的点 D 处测得楼顶 G 的仰角为45°，其中点 A、B、C 在同一直线上。 　　(1) 斜坡 DB 的高度 $DA=$ _____，$AB=$ _____； 　　(2) 求实验楼 CG 的高度。（结果保留根号）	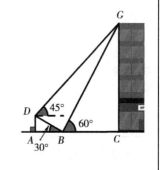

　　以3个数学小组的实践结果为问题引领设计的分层作业，与实际生活息息相关，主线非常清晰。螺旋上升式的作业设置，引导学生学会独立思考，在图中添加适当的辅助线（作内高或外高），将非直角问题转化为若干个直角三角形中元素之间的关系，体现从特殊到一般的探究规律，体现了化斜为直的数学思想。教师采用改编海南中考真题的方式，激发学生挑战中考题、完成作业的欲望，同时引发学生的多维数学思考，延展学生思维的广度与深度，引导学生从更高层次、更新的角度对知识进行再认识，总结出类型题的解题方法和规律，从而达到触类旁通、积累学习经验的目的。

（三）以知识为载体，设置分层作业，落实素养发展

表3　"三角函数与实际问题"能力提升思维拓展

三、能力提升
如图，实验楼的顶部新加装一块 LED 屏幕，小可在实验楼 CG 的正前方一斜坡 BD 的坡脚 B 处测得楼顶 G 的仰角为 $60°$，沿坡面 BD 向上走到 D 处测得 LED 屏幕顶部 A 的仰角为 $53°$，已知山坡 BD 的坡度 $i=1:\sqrt{3}$，$DB=10$ m，$BC=18$ m，求广告牌 AG 的高度。（结果保留根号，参考数据：$\sin 53°=\dfrac{4}{5}$，$\cos 53°=\dfrac{3}{5}$，$\tan 53°=\dfrac{4}{3}$）　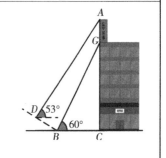
如图，体育馆 AB 与实验楼 CD 底部之间的水平地面上有一点 E，从体育馆的顶点 A 测得 E 点的俯角为 $45°$，从实验楼的顶点 C 测得 E 点的俯角为 $75°$，测得体育馆的顶点 A 的俯角为 $30°$，若已知体育馆 AB 的高度为 20 m。 （1）$\angle ACE=$ _____ 度，$\angle AEC=$ _____ 度； （2）$AE=$ _____； （3）两栋楼顶点 A、C 之间的距离。（参考数据：$\sqrt{2}\approx 1.4$，$\sqrt{3}\approx 1.7$）　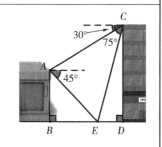
如图，小爱在实践活动中，在点 A 处利用无人机测量校园楼房高度，当无人机飞行到一定高度 D 点时，无人机测得 A 处的俯角为 $75°$，测得行政楼 BC 顶端点 C 处的俯角为 $45°$。已知点 A 和小区楼房 BC 之间的距离为 45 m，行政楼 BC 的高度为 $15\sqrt{3}$ m。 （1）求此时无人机的高度； （2）在（1）条件下，若无人机保持现有高度沿平行于 AB 的方向，并以 5 m/s 的速度继续向前匀速飞行，问：经过多少秒时，无人机刚好离开了小爱的视线？（假定点 A、B、C、D 都在同一平面内，参考数据：$\tan 75°=2+\sqrt{3}$，$\tan 15°=2-\sqrt{3}$，计算结果保留根号）　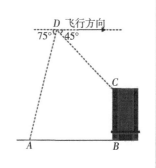
四、思维拓展
请同学们尝试绘制思维导图，梳理本课时你在数学知识和数学思想方法等方面的收获。
学生作品展示 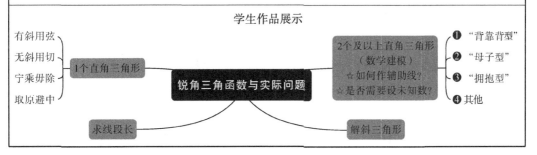

在新课程背景下的分层教学理念同样适用于作业设计环节。在本课的作业设计环节中，教师充分落实新课程改革的要求，遵循个性化的设计原则，将学生按照学习基础的不同、认知水平的高低、生活经验的差异等划分成学困生、中等生、优等生三个层次，在此基础上，将作业设计成"实践操作""情景演变""能力提升""思维拓展"四种难度。

表4　分层教学理念表

一、实践操作	学困生	中等生	优等生
二、情景演变			
三、能力提升（第1题、第2题）			
三、能力提升（第3题）			
四、思维拓展			

针对不同层次的学生布置相应的作业，以满足各个层次学生的学习需求，促进他们的共同进步与发展。

在"能力提升"的环节中，教师精心编制题组，培养学生举一反三的能力，不断提高学生分析问题、解决问题的能力。在此基础上，教师还可以要求学生自主出题，不断拓展他们的逻辑思维，真正达到学以致用的目的。

教师倡导学有余力的学生在课堂教学及完成课后作业后，采用绘制思维导图的方式，自主梳理本课知识和数学思想方法等方面的收获。优等生通过思维导图对仰角、俯角问题进行分类归纳，将直角三角形问题转化为斜三角形问题，建立起直角三角形与斜三角形的联系，由此总结出双直角三角形的"母子型""背靠背型""拥抱型"等基本模型。理解数学模型是解决三角形问题的根源，这在后续的三角函数复习中会频繁出现。

学生通过解决同类题中的本质问题，促进将所学知识与原有的知识结构进行同化和顺应，在"串点成线"的过程中完善知识体系，提升对数学思想方法的理性认识，实现数学思维、能力的自然生长。

三、结语

数学来源于生活又服务于生活，在作业设计中，从学生熟悉的现实生活出发，由生活情境引出具体的"测校园建筑楼高"的数学问题，在解决不同类型问题的过程中，引导学生找出问题中已知量与未知量间的等量关系，构建数学模型，运用方程的思想解决问题，从而培养学生分析问题和解决问题的能力，提高学生的数学核心素养，最终指向"三会"的发展。

教师巧设情境进行优化作业设计时，应突出问题情境与核心素养之间的关系，突出培养学生"三会"的教育功能。数学问题情境的创设要根据教学目标，凸显实际生活里的数量关系与空间形式，提高学生完成作业的兴致，使学生从情境中挖掘有意义、有趣的数学问题，理解其中的信息与数学知识。合理选择直观、生动的方式呈现问题情境，让抽象的数学问题直观化，难理解的数学问题与隐含的知识外显化。内容较多、信息比较复杂的问题情境可通过语言、文字、图画等多样化的方式呈现。呈现知识建构型问题链、知识网络型问题链、专题探究型问题链时，应适度动态化。让学生感受数学知识的产生、发展与形成过程，促进学生对数学知识的深度理解。

中考数学复习课的作业设计要侧重于思维方式的培养、思维品质的养成、数学素养的培养。中考复习不再仅仅是简单的温习和应用，而是注重对知识的整体建构和深入理解，利用所学知识解决实际问题，会用到基本图形、基本模型、基本思想方法，将零散的、没有真正完成建构的知识围绕相关主题再度整合，形成对知识的整体性认识。

通过回顾式整理，设置典型问题，"串点成线"，提炼出大单元的基本方法、技能、思想和活动经验，并与前后知识相结合，通过实际问题的综合解决，帮助学生建立知识结构、认知结构、认识知识价值和思考方式，重视培养学生的数学核心素质，达到知识网络再建构、技能经验再提升、学科素养再提升的更高目标！

参考文献

[1] 陈祥彬，易玲倩. 真实数学问题情境的创设与使用 [J]. 小学数学教育，2023（19）：4-7.

[2] 胡连成. "情境-问题-思维" 视角下的问题链教学：以"科学记数法"为例 [J]. 中学数学月刊，2023（9）：6-9.

27. 项目式作业在整本书阅读中的实践探究

——以初中学段名著阅读作业为例

海口市第一中学　邓磊

摘　要： 整本书阅读是提升学生语文素养的有效途径。项目式作业将通过驱动性任务保持学生对阅读的好奇心和持续性，分时段，分步骤，由浅入深，层次分明地对整本书开展积极阅读，并且持续保持积极的阅读状态，以期引导学生向深度阅读迈进，有效提升语文核心素养。本文以初中学段名著阅读作业为例，依据"整体通读巧分层—局部精读构情境—专题探究深剖析"三个阶段，在整本书阅读课程实施过程中设计梯度式的项目式作业，推动名著阅读活动的开展。

关键词： 项目式作业；整本书阅读；名著阅读作业

新修订的《义务教育语文课程标准（2022年版）》中明确提出整本书阅读这一任务群的概念，整本书阅读作为提升学生语文素养的有效途径，在名著导读板块中有良好的体现。整本书阅读具有长期性、系统化、结构性、层次化的特点，在课程实施过程中，学生容易出现不愿读、读不懂、读不深、读不完的情况，或是老师过于注重书本识记性内容，布置思维层次较低的机械化作业，无形中打击学生对名著阅读的积极性，降低学生对名著的兴趣和热情。因此，项目式作业的介入尤为必要。

一、整体通读巧分层

（一）分层规划，自主选择

教学实施过程中，让学习有困难的学生掌握最基础的知识，同时又能让优秀的学生得到更大的发展，是每个教师都希望达到的最高境界。要想实现这一点，实施分层作业是非常必要的。根据不同层次学生的知识水平和能力水平进行不同层次的作业设计，因"层"而教，因"层"而练，可使教育教学更适合每个学生的需求和成长。例如，笔者依据学情，通过三个学习任务群设计三个层次的《水浒传》名著阅读规划表（表1、2、3），学生可根据自身情况选择，记录整本书的阅读进度。

表1　基础型任务群阅读规划表

周次	阅读回目	阅读任务	自我评价
第一周	1—20 回	1. 鲁达虽性格粗鲁，但也有心思缜密之处，在书中画出相关语句，并举例说明。 2. 陆虞候火烧大军草料场时，林冲如何逃出生天？	
第二周	21—40 回	1. 宋江为什么要杀阎婆惜？ 2. 武松打虎的动作描写十分传神，请勾画三个回合的动作描写，说说它们的妙处。	
第三周	41—60 回	1. 请细读宋江三次攻打祝家庄的相关内容，完成表格。 2. 李逵买枣糕这一情节运用了什么描写手法？如果把李逵买枣糕这一闲笔删去，之后的情节会发生什么变化？	
第四周	61—80 回	金圣叹评 75 回时说："小人不识时势，坏了多少事体。"请你解释本回或之前所读内容，总结一下哪些小人做了什么？坏了哪些大事？又是谁来补救的？	
第五周	81—100 回	在大战玉田县时，卢俊义与燕青都表现出了其迎敌过程中的高超技能与英勇绝伦，请你结合书中的故事情节对二人进行分析。	

表2　提高型任务群阅读规划表

周次	阅读回目	阅读任务	自我评价
第一周	1—20 回	鲁智深是小说开篇细细描述的人物，请你结合他所经历的大大小小的事情和他人对鲁智深的评价，对鲁智深做一个人物形象分析。	
第二周	21—40 回	1. 浔阳楼宋江吟反诗中的"吟"为何不能改为"题"？哪些描写能体现这一点？ 2. 张青与孙二娘在武松的这一人生阶段扮演了什么样的角色？	
第三周	41—60 回	同是入牢，面对一百杀威棒宋江与谁大有不同？同是单人打虎，李逵与谁亦有区别？请你选择一处对比，谈谈异同。	
第四周	61—80 回	作者称赞燕青虽是 36 星之末，却机巧心灵，多见广识，了身达命，都强似那 35 人。你是否同意作者的看法？请结合书中内容进行说明。	
第五周	81—100 回	水浒传中有很多智取章节，请你就"宋江智取润州城"和"宋江智取宁海军"两章浅析其智之处。请在备选角度中任选两个。（计划之智、组织之智、用人之智、应变之智、语言之智）	

表3　探究型任务群阅读规划表

周次	阅读回目	阅读任务	自我评价
第一周	1—20回	请你设想一下，如果你是林冲，你会走到哪一步反？林冲有没有机会不反？	
第二周	21—40回	武松入狱后，金圣叹连用25个"妙"、12个"奇"，请你试着在本章相关段落上以"奇、妙"为核心词写一段点评。	
第三周	41—60回	金圣叹评《水浒传》晁盖曾头市中剑身亡一回事时，写道："晁盖遂未死于史文恭之剑而已，死于庭上，庭下众人之心非一日也。"请你以晁天王的口吻诉说自己的"生"与"死"。	
第四周	61—80回	你是否赞成梁山泊受招安？请写出你的看法，并阐明理由。	
第五周	81—100回	有些同学读完整本书后，完全意识不到忠义的存在。有些同学在思考小说的主旨时，对所谓的忠义感到怀疑。水浒传原名《忠义水浒传》，你认为隐去忠义二字是否得当？	

（二）尊重差异，有的放矢

因材施教强调在教育过程中要尊重学生的个性差异。教育要面向全体学生，同时要根据学生的兴趣爱好、知识基础、智力水平等方面的差异，有的放矢地进行教学。分层设计作业能让学生从作业探究中感受到学习的乐趣和获得成就感，既让学有余力的学生发挥个性专长，又让学习困难的学生有所提升。根据实际情况，优化作业设计，提升趣味性，为他们量身打造"最适合"的作业。例如，笔者设计，让学生根据自身情况从下列三项任务中自主选择一项或多项完成，如表4所示。

表4　分层作业表

任务层级	任务要求	任务赋分
A层	通过"反"抗，"民"想要达到哪些目的？	2分
B层	水浒英雄最后被招安了，标志着他们反抗的失败。好汉们的反抗为什么会失败？	3分
C层	梁山这"八方共域，异姓一家"的社会是理想的社会吗？为什么？你认为怎样的社会才算是理想的社会？	4分

（三）形式多样，巧妙有趣

1. 设计名片辨人物

初中阶段的名著阅读，从古典名著到中外小说，每一本书都有可圈可点的特别之处。例如《红星照耀中国》中的湘江战役、四渡赤水、飞夺泸定桥等经典战役，《水浒传》中108位好汉的绰号，《昆虫记》中各种小昆虫的学名、外形特点、生活习性，《西游记》中的各路神仙、妖怪和宝物等，这些都是可以引发学生阅读兴趣的点，在通读全书时可以寻找作品中学生感兴趣的点进行设计，引导学生以名片式的形式进行记录，激发学生持续阅读的兴趣。

2. 关系导图晰脉络

初中阶段的名著，多以长篇小说为主，人物繁多，关系复杂，学生容易混淆不清、张冠李戴，教师可以根据小说不同的特点设计人物关系导图作业，分层次、分步骤引导学生在阅读过程中厘清人物关系。例如，《儒林外史》由多个故事组成，人物是并列引出的，此时就可设计人物关系导图，帮助学生又快又好地理清脉络。又如，《钢铁是怎样炼成的》人物关系导图，如图1所示。

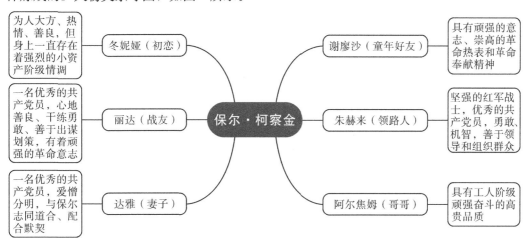

图1　《钢铁是怎样炼成的》人物关系导图

3. 创意手账理情节

小说的故事情节本身具有整体性、连贯性和推进性，如学生只是埋头读而不停下梳理和辨析，易导致情节错位、脱节，不利于对整部作品的感知、理解和领悟。因此，教师可以根据情节的曲折性，鼓励学生创作图文并茂的手账，引导学生把握整本书的情节，围绕故事前后的因果关系、剧情推进展开分析，有效驱动学生对文本的好奇心。例如《海底两万里》，笔者设计这样的作业：生物学家阿龙纳斯跟随尼摩船长的环球探险航行都走过哪些地方？遭遇过哪些事？经历险情时如何化险为夷？请你边读边在书上做标记，运用画一画、剪一剪、贴一贴、写一写等方式，图文并茂，绘制一份手账。

二、局部精读构情境

学生对名著进行回味性精读是阅读中的关键步骤。经典著作中一些精髓的部分是需要阅读者进行深度思辨和层层探究的，教师可以提供关键素材，构建真实情境，再次引导学生找准切入点对作品内容进行深入剖析，解决情境下的开放式问题。

（一）关注整体，拓展宽度

例如，《红星照耀中国》的创意精读作业：

《红星照耀中国》是纪实文学的经典之作，以此为基础创作出的影视作品也不胜枚举。现在我班准备启动拍摄计划，如果你是拍摄导演组的成员之一，你将如何呈现这部作品？有三个任务，将为你开启导演修炼之旅！

【绘制路线】作为导演，你需要梳理书中的素材，形成基本的故事线。请用思维导图的形式画出斯诺的西行路线，包含时间、地点、主要事件等概括。

【明确主题】好的电影不是素材的简单堆积，而是围绕一个明确的主题对素材进行二次处理。所以选择主题至关重要。请为你的电影选择一至两个主题关键词，并结合相关情节、人物对关键词进行解读。

【选择角色】一部精彩的电影，一定有出彩的角色。这是一部群像戏，毛泽东、周恩来、朱德等重要领袖都在斯诺的笔下变成了有血有肉的个体。作为导演，你需要结合你所确定的主题，选择具有代表性的主角人物。

本次项目式作业学生被"电影拍摄"的核心任务驱动着，产生了阅读动力，在最终的拍摄策划课堂展示中，不同的学生都有不同程度的收获，或是讲述自己的拍摄策划，或是为他人的策划提建议。学生对于名著背后的红色精神都有了深刻的体悟，对于梳理情节、分析人物、归纳主题的阅读也有了更真实的体验。

（二）选中焦点，挖掘深度

例如，《骆驼祥子》小剧场作业，学生通过筛选具体的情节，赏析语言的魅力，学习作者如何通过个性化的语言刻画人物个性并且将它进行剧本处理。

> 作业设计：每位同学根据小组选定的故事，以原著中人物的经历、言行举止为原型撰写台词，并根据补充的戏剧知识，为剧本添加合适的舞台说明。
>
> 学习支架：先在书上对人物语言进行批注赏析，学习作者是如何通过个性化的语言来刻画人物个性特征的。再对片段进行剧本处理，进一步设计舞台说明。

在这个作业中，不同的学生会对不同的内容感兴趣。教师可引导学生选择自己最感兴趣的一个点，聚焦情节回读作品，挖掘作品的深度，提取信息批注赏析，多维思考重塑人物，补充知识编写剧本，亲身表演深化理解，让旧知与新知有效融合，丰富个性化理解的同时，提升自己的综合实践能力。

三、专题探究深剖析

专题探究是名著深度阅读的最佳路径。阅读是视域融合、自我发现的过程，不能只停留在碎片化阶段，要在勾连中开展整体化阅读，在此基础上才能开展更好的深度阅读。开展整本书的专题探究，教师要引导学生从选定的专题重新组织这本书，从选定的专题的独特视角重新审视这本书，从小说中挑选出关联的内容，如故事情节、人物，形成结构，然后分类投放到建构体系中，在比较分析中得到自己的阅读感受。

比较阅读是培养和提高学生阅读分析能力的有效途径。让学生把有一定关联的内容组合起来，通过勾连比较，分析判断、评价感悟。例如，《钢铁是怎样炼成的》中的"与人物对话"的专题作业设计：假如你穿越回那个时代，遇到不同时期的保尔，你有什么想与他说的？结合其经历展开对话，至少选择三个时期。

又如，《儒林外史》"寻味丑角"的专题作业设计：《儒林外史》中用非常尖锐犀利的笔法刻画出一批丑角形象。有人认为，这些丑角的行为虽然从表面上看起来异常可笑，然而作者对很多人的讽刺又是带有同情的。你同意这种看法吗？为什么？

再如，《简·爱》"女性的抉择"的专题作业设计：读完《简·爱》，我们可以发现书中的女性有三种生活观，第一种顺从命运型，顺从命运的安排，不做任何努力和反抗；第二种甘做筹码型，甘愿用爱情或青春做筹码，赢得物质生活的保障；第三种听从内心型，忽略世俗的看法，听从内心的声音。根据你的阅读印象，说说这三种生活观分别对应哪些女性角色？可以从这些女性角色中分别选择一至两人写下来，并说说在当时的社会背景下，如果你是身处其中的一位女性，你会选择哪种生活？为什么？

比较阅读的形式多样，可在同一作品中对同一人物在不同阶段进行比较，可在相同主题的不同作品之间进行比较，还可在现实与虚拟中进行比较，不断品味立体的人物形象，感悟作品的深刻内涵，深化理解作品的主题。

将项目式作业引入整本书阅读的作业设计，须在强调学生阅读量的基础上，有意识设计能引领学生主动探究、深度思考的作业，在深入阅读的同时，读写互惠，把阅读与思维发展、语言运用相结合，让学生读过的每一本书都能在他生命中留下深刻印记。

参考文献

[1] 中华人民共和国教育部. 义务教育语文课程标准（2022 年版）[M]. 北京：北京师范大学出版社，2022.

[2] 李志欣. 有效作业创意设计 [M]. 上海：华东师范大学出版社，2022.

[3] 王月芬. 重构作业：课程单元视域下的单元作业 [M]. 上海：教育科学出版社，2021.

28. 初中物理分层作业设计与实践研究

海口市永兴中学　陈冠忠

摘　要：作业是课堂教学的基本组成部分，作业设计关乎课堂教学的成效性。经过研究发现分层作业设计与学生分层、教学分层、评价分层密切相关，将分层作业与学生分层、评价分层相融合，既能减轻学生作业负担，又能很好激发学生学习兴趣，促进高效课堂，实现减负增效。

关键词：分层作业设计；融合；减负增效

一、初中物理作业的现状

目前初中物理作业普遍存在以下问题：物理学科在教学与作业上没有分层，出现眉毛胡子一把抓；存在用资料代替作业，导致作业量大、加重学生的作业负担的情况；存在预习没有作业，课堂作业与课后作业统一的情况，不利于分层教学与评价。教师在教学中对作业部分的关注度较低，在作业的设计上缺少针对性，以至于作业未在提升学生学习能力和知识水平上发挥出效能。

二、对初中物理分层作业的认识

分层作业是分层教学的一个分支，教师根据不同学习水平和层次学生的学习情况将学生进行分类，对同一教学内容设计不同难度和要求的作业，让学生可以根据自己的能力选择适合自己的作业形式或作业内容，让不同水平的学生都可以得到良好发展，同时也提高教学质量和效率。

物理学科是中学学习阶段的主要学科之一，分层作业设计遵循了以人为本、因材施教的教学理念，主要教学目标不是提高物理成绩，而是培养学生的思维思考能力以及相关的物理整体知识运用能力。这在很大程度上直接减轻学生学习压力及作业负担，激发学生的学习热情和营造班级良好的学习氛围。基础薄弱的学生能掌握基础知识，对物理学习有大致方向，中等水平的学生能巩固加深，基础较好的学生能通过做相对难度较高的题提高所学物理的应用水平。分层作业设计也为学生可持续发展提供了有力保障，转变教学理念，提高教师教学能力。

三、初中物理分层作业的理论依据

（一）因材施教理论

该理论要求教师深度了解学生，发现学生特点和学习习惯，有差异化、针对性地进行教育。教师在具体教学中，根据不同学生的实际，包括已有的认识水平、基础学习能力和不同的相关素质，选择不同深度、广度的教学方法，针对性地进行教学，促使学生每个人得到最大程度的发展。

（二）最近发展区理论

学生的发展是持续的，是变化的。学生在学习的过程中不断积累知识，不断开拓思维，不会一成不变。所以要求教师通过多种方式方法去了解学生的最近发展区。作业设计难度是学生"跳一跳就够得着的"，在教学方法上也要对照着学生的最近发展区，比如对思维不够活跃的学生采用直观的实物教学。

四、初中物理分层作业设计的基础

（一）学生分层

学生分层是由智力和原有知识水平决定的，按学习水平进行划分，可分为学困生、中等生、优等生。学生分层充分遵循了教育学家孔子的因材施教的教育理念，学生的个体差异包括能力、性格，以及已有的知识经验基础等差异，与学生的家庭背景、生长环境、个体发展、遗传等因素有关，了解学生的个体差异为教师教学的初始，教师要有针对性地进行个性化教育，保障每一位学生的发展。

（二）分层教学

分层教学指的是在教学过程中，根据学生的分层，对三类学生使用差异化的指导方法和教学手段，与学生的身心发展与认知水平相适应，以达到以人为本、因材施教的作用效果。分层教学的核心意义在于能够全面考虑学生的差异性，进而有效助力各层次学生发挥其独特能力。因此，教学设计的环节至关重要。它旨在充分关注学生的个性化需求，促使每一层次的学生都能获得有针对性的发展。这样的教学设计不仅体现了因材施教的教育理念，也确保了教学的针对性和实效性。通过精心设计的教学内容和方法，我们能够更好地满足不同层次学生的学习需求，从而推动他们全面而均衡地发展。

（三）分层评价

分层评价指的是给不同层次的学生布置不同层次的作业的同时，针对性地对作业作出分层次的评价。实施分层教学，不仅有助于提升全体学生的学业水平，更能有效促进他们全面素质的培养。分层的核心在于尊重学生的个体差异，其效果则体现在分层策略的精准实施上。此举有效避免了学生在课堂上完成作业后的无所事事现象，确保每位学生都能在学习过程中有成就感，进而优化其心理品质。这种积极的心理体验又进一步激发了学生探索软硬件知识的热情，促使他们更加自主地结合理论进行操作，掌握知识，发现规律。在这一过程中，学生的观察、分析和解决问题的能力得到了显著提升，物理核心素养得到了有效增强。此外，在互联网的教室环境中，学生之间的层间、层内合作变得更为活跃和突出。这种合作模式不仅强化了学生的参与意识，还有利于培养他们的合作精神和团队精神，进而增强学生的集体观念。因此，分层教学的实施在多个层面上都展现出了其积极的教育意义。

五、分层作业的实践策略及案例

（一）分层作业与学生分层相融合

在对学生进行分层时，首先要确保教师对学生的学习情况有深入的认知，从而确保分层的科学性和有效性。通过采用访谈、问卷调查、平时成绩分析等多种方式，能够全面把握学生的物理学习基础与现状，并进一步了解他们在学习习惯、智力水平及家庭环境等方面的个体差异，根据了解后的分析结果和学生的学习基础、认知能力以及接受能力进行细致的分类，以确保分层的准确性和针对性。坚持学生自愿和教师宏观调控相结合，防止个别不思上进的学生降低对自己的要求或者少数学生盲目抬高自己的层次，失去分层的意义。同时也要遵循好客观平等原则、分层动态性原则和隐蔽性原则。在遵循原则的基础上将学生分为三类，分别是学困生、中等生、优等生。优等生学习习惯良好，有较强自律性，基础知识掌握牢固，思维开拓，学习态度积极，学习成绩好。中等生学习的积极性一般，没有养成良好的自学习惯，学习成绩处于中游。学困生不够自律，学习劲头不足，态度偏差，基础知识未掌握，作业完成度低，成绩不理想。分层作业的布置分别对应不同的学生层次，分层设计学生作业形成弹性结构体系，分为预习作业、课堂作业、课后作业后，再分别细分为基础题、提升题和拓展题。课程目标中要求必须掌握的知识点为基础题，优等生可以根据自身学习情况自主选择完成，中等生和学困生需要保质保量完成，并且在完成过程中保留做题思路和痕迹；提升题针对相应的知识点做题型或数据上的变化，对中等生和学困生分别布置；拓展题难度较大，知识面更广，对知识的运用能力要求更高，不做必须完成的作业要求，鼓励学生踊跃尝试，开拓思维。

（二）分层作业与分层教学相融合

对于学困生和中等生，我们应提供更多的指导和支持，通过日常上课提问和课下给予更多关注，有针对性地对他们的作业反馈进行薄弱部分讲解，帮助他们建立知识框架，掌握物理知识的基本概念，让他们可以运用物理规律去解决日常生活中的问题。对于优等生，要在完成好基础题的前提下，鼓励多挑战拓展题，根据拓展题的完成度引导课后补充其相关的物理知识。其次，在课堂教学中的分层，教师将不同梯度的题分别布置给三类学生，以必做题和选做题呈现，设置提问环节，基础题抢答，提升题可由中等生和优等生回答，拓展题抽取优等生回答，同时鼓励低层次学生回答高层次题，由此带动班级学习氛围，达到优生带差生的作用效果，让每一个学生都参与课堂，提高学生课堂参与感。这样的分层教学与分层作业相融合，让教与学更加具有针对性。

（三）分层作业与分层评价相融合

不同的评价适用于不同层次学生的学习情况，对学习状态和学习方法起到明确的指导作用。在进行学生作业评价时，我们采用分类评价的方法，即对不同层次的学生作业采用不同的评价标准。对于中等生和学困生，我们在判分时会相对宽松一些，而对于优等生，则会相对严格一些。在作业完成时间上，我们也会根据学生的实际情况进行灵活调整，给予中等生和学困生更多的宽容，对优等生则要求更高。具体来说，对于学困生，只要他们能够完成基础题，就可以获得满分；如果他们能够完成提升题或拓展题，我们会给予额外的加分。对于中等生，如果他们能够完成拓展作业，我们也会给予一定的加分。当这些学生作业出现错误时，我们会暂时不打分，而是等待他们真正理解并订正后再进行判分。有时，即使学生订正后仍然不能完全理解，我们会针对他们的问题设计额外的练习题，让他们通过反复练习来逐步提高。每当他们取得进步时，我们都会给予相应的加分，让他们从不断增长的分数中感受到自己的进步。对于优等生，我们在评价作业时则更注重他们的速度、准确性和思维质量。我们改变了以往只注重书写和答案正确性的评价方式，而是引入竞争机制，让他们在相互比较中不断提高自己。通过分类评价不同学生的作业，营造了一个积极向上的竞争氛围，激发了他们不断追求卓越的精神。

（四）分层作业设计

作业设计依据：课标要求、教学目标和学情。

作业设计思路：精选本节内容的练习题—选择对标的练习题为基础题（全体学生）—选择知识综合应用的题为提升题（中等生）—选择能开拓学生思维或深层次运用知识解决生活实际问题的题为拓展题（优等生）。

基础训练（全体学生）

1. 如图所示，是某小组探究浮力的大小与哪些因素有关的装置图，请根据图示回答问题：

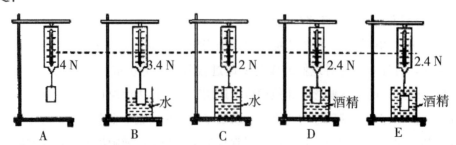

（1）A、B两图中弹簧测力计示数之差等于＿＿＿＿＿＿＿的大小；

（2）比较B、C两图，能说明浸在同种液体中的物体所受浮力大小与＿＿＿＿＿有关；

（3）比较＿＿＿＿、＿＿＿＿两图能说明物体所受浮力的大小与液体的密度有关；

（4）比较＿＿＿＿、＿＿＿＿两图能说明物体所受浮力的大小与浸没在液体中的深度无关；

（5）该实验主要应用的方法是＿＿＿＿＿＿。

2. 下列关于浮力的叙述中，不正确的是（　　）。

A. 物体浸没在水中的深度越深，受到的浮力也就越大

B. 同一石块分别浸没在水和酒精中，在酒精中石块受到的浮小于在水中的浮力

C. 物体浸在液体中受到的浮力和物体自身的重力有关

D. 物体浸在液体中受到的浮力等于排开液体的重力

3. 根据下面给出的数据，能用阿基米德原理计算出浮力大小的一组数据是（　　）。

A. 物体体积和液体体积

B. 液体密度和物体所处的深度

C. 液体的密度和物体所排开液体的体积

D. 物体体积和物体密度

4. 将质量为8 kg的物体放入盛满水的溢水杯中，从杯中溢出了3 kg的水，则物体受到的浮力是＿＿＿＿＿＿＿＿＿＿＿＿＿＿＿。

设计意图：让学生巩固对实验过程的记忆与理解，体会控制变量法在实际中的应用；理解浮力的大小与哪些因素有关；巩固和运用阿基米德原理解决简单问题。

提升题（中等生）

5. 将两个物体分别挂在弹簧测力计上，然后都浸设在水中，发现两支弹簧测力计的示数都减小了2 N，那么这两个物体一定有相同的（　　）。

A. 密度　　B. 体积　　C. 质量　　D. 重力

6. 弹簧测力计下吊着一石块，示数为 1.47 N，当石块全部浸入水中时，弹簧测力计的示数为 0.98 N。（$g=98$ N/kg）求：（1）石块受到的浮力；（2）石块的体积；（3）石块的密度。

设计意图：通过称重法和原理法测浮力综合分析，培养学生知识综合应用能力；加深对"称重法"测浮力的理解；阿基米德原理的应用；综合密度与浮力知识解决实际问题。

拓展题（优等生）

7. 一只弹簧测力计、一个溢水杯、一个塑料小桶、足量水、一个小石头、一条细绳。选用以上实验器材测量小石头的密度。

实验步骤：

用弹簧测力计测量小石头的重力为 G；

用弹簧测力计测量空塑料小桶的重力为 G_1；

将适量的水倒入溢水杯中，让水面与溢水口相平，再将小石头轻轻放入溢水杯中，浸没水中后小石头所排开的水全部盛于空塑料小桶中，再用弹簧测力计测量塑料小桶和水的重力为 G_2；

小石头的密度的表达式为：_____。

利用以上器材，同学们还有哪几种测量小石头的密度的方法？写出具体的实验步骤。

设计意图：加强对实验原理与步骤的理解，激发学生发散思维，体验实验成功的喜悦，满足优等生的学习需求，从而激发学生学习物理的兴趣。

六、实践结果对比分析

"双减"政策实施之后，学校对作业的设计都注重减少作业量，增加作业质量，注意课前课中课后作业分层，尽量满足不同层次的学生对知识点的易难的需求。探究作业分层设计对不同层次的学生是否都有好处，分别设置一个实践班［八（1）班］、一个非实践班［八（3）班］。经过一个学期的实践研究，实践班和非实践班成绩差距明显。

实践班平均分、优秀率、及格率升高，说明班级成绩呈上升趋势，各层次学生都有明显进步。非实践班的平均分、优秀率和及格率呈波动，有略微向下趋势，班级成绩无非常明显的变化。由此可见作业分层设计对提高学生的学习成绩有效，影响较好。

七、总结与展望

（一）研究结论

综上所述，在教育改革的进程中，不断优化教学手段，将分层作业设计与学生分层、分层教学、评价分层融合起来，才更加能够发挥分层作业的效能，促进全体学生全面发展，促进高效课堂，实现减负增效。

（二）困难与展望

在实践过程中，存在作业资源缺乏，教师花精力大，学生分层、作业难易分层难把控的问题。在今后的研究中，还要进一步细化分层作业的设计，使每个层次的作业更具针对性和有效性。完善分层评价机制，建立多元化、全面化的评价体系，充分体现分层作业的优势，激发学生的学习积极性。

参考文献

［1］曾雪琴. 高中物理分层作业设计的有效性探究［J］. 读与写（教育教学刊），2017，14（10）：127-128.

［2］施萍梅. 探究初中物理分层作业设计意义及策略［J］. 数理天地（初中版），2022（24）：58-60.

［3］南文娜. 高一物理分层作业设计策略研究［D］. 兰州：西北师范大学，2017.

［4］刘蔚. 高中物理作业分层的设计与思考［J］. 中文信息，2019（1）：218.

［5］黄翠青. "双减"背景下初中物理作业优化设计策略［J］. 广西物理，2022，43（4）：198-201.

［6］陈景松，郭琼梅. "双减"背景下初中物理分层作业设计的探索［J］. 中学理科园地，2023，19（5）：49-50.

［7］周芳. 对初中物理作业分层设计的实践研究［J］. 考试周刊，2016（80）：1.

［8］冯琴英. 分层作业在初中物理教学中的实践研究［D］. 苏州：苏州大学，2025.

后记

精技立业，匠心筑梦。白驹过隙，晚霞漫天。历时近5年，海口一中探索新课程新教材学术论文和教研案例文集终于正式定稿，郑重付梓。

回想收集整理此集的数月路程，笔者于上千条信息中反复筛选，仔细研磨，思考体例，统整编排，几经修改，几番完善，直至文稿成形，始终都在为兢兢业业、勤勤恳恳、埋头钻研"双新"、仰头追求卓越的一中人所感动！

习近平总书记曾在全国教育大会上强调，教育是民族振兴、社会进步的重要基石，是功在当代、利在千秋的德政工程，对提高人民综合素质、促进人的全面发展、增强中华民族创新创造活力、实现中华民族伟大复兴具有决定性意义。而新时代新形势对教育和学习提出了新的更高的要求。

我们作为师者，更要抓住机遇、超前布局，以更高远的历史站位、更宽广的国际视野、更深邃的战略眼光，加快推进教育现代化，建设教育强国。在海口一中"双新"教育改革的工作中，各学科教师就是这般督促要求自己的。他们积极学习新课程理念，刻苦钻研新教材内容，在课堂内外进行理论和实践的探究，此集中他们敲下的一字一句，正是他们坚持不懈探索的成果，是他们辛苦耕耘的智慧升华。那背后是辛苦研究创作的无数日夜，是教育工作者最严谨的工作态度、最真挚的教学经验和最朴素的教育情怀！

而新课程新教材的改革不仅在于个人研究深入，更在于集体研讨，共同成长。课堂教学的改革也不仅是关注教师群体，更是要培养具有学科核心素养的优秀学生。我们仍需进一步将现在的研究成果在实践中检验、修正、拓展、应用和传播。我们更需要孜孜不倦地学习科学的教育思想，探索新的教育模式，更新陈旧的教学方式，丰富教学研究。在"双新"的背景下，真正地去结合教学实际，分析新时代学生的特点，组织有效的教学内容，设计科学的教学流程，引导学生学会自主学习、合作学习和探究学习，让课堂成为高效有趣的学习园地，让师生成为互促成长的教育主体。

教师的成长是一所学校最宝贵的财富，手捧着教师们丰硕的教研成果，我们难掩心潮澎湃，我们分明看到了未来学校发展的基石和砥柱。

开展教科研工作，我们需要拥有一颗"匠心"。所谓"匠心"，就是对工作精益求精、持之以恒、追求极致的专注精神！这本集子，正好再现了海口一中人竹杖芒鞋、筚路蓝缕、漫漫求索！

万物有灵且美，匠人用心归真。灵动的文字流露着笔意间那潇洒浩然的气势，细细品鉴中，恍若有淡淡墨香随风而来，那或刚或柔的笔韵，似也暗藏锋芒。我们所处的时代被称为"互联网＋时代"，分享和使用远胜于独自占有，就让我们尽情地分享他们的教育智慧和改革激情吧！

灼灼璞玉，匠心筑梦，教育点亮人生。这本集子虽已步入尾声，但海口一中的教育工作者仿若海上初升的朝阳，在这条"双新"教学改革探索的路上，满怀意气，携手并行，蓬勃上路！

最后，感谢赵金玲校长高屋建瓴的顶层设计，感谢符绵学副主任、黄文莉主任和李哲慧级长细致入微的统筹规划，感谢谭嘉璐组长的引领指导，还要感谢书里收录的教师们的大力支持和无私分享，感谢为一中教育事业默默付出的每一个你！有你有我，方有这永不熄灭的教育圣火！

海口市第一中学教育集团

2024 年 11 月